メンバーの才能を開花させる技法

MULTIPLIERS
How the Best Leaders Make Everyone Smarter
by Liz Wiseman with Greg McKeown

Published by arrangement with HarperBusiness,
an imprint of HarperCollins Publishers
through Japan UNI Agency, Inc., Tokyo

メンバーの才能を開花させる技法／目次

第7章 「増幅型リーダー」を目指すあなたに――247

資料――頭を整理し、実践に勢いをつけるために

序文

スティーブン・R・コヴィー
『7つの習慣』著者

20代の前半、私は、本書で言うところの「増幅型リーダー」と働く機会に恵まれた。そしてそれが、私の人生を大きく変えた。当時、私は大学を休学し、しばらくボランティア活動に専念することを決めていた。イギリスで活動しないかと誘われたからだ。

あれは、その組織で働いて4カ月半経ったころだった。私は組織のトップからこう告げられた。「新しい任務だ。イギリス中をまわって、地域リーダーを育成してほしい」。びっくりした。私のような若造が50代や60代の人たちになにかを教える？　なかには私より二倍も長く生きている人もいた。だが、自信なさげな私の目をのぞき込んで、そのリーダーはこう言った。「君を信頼している。君ならできる。準備のための資料を渡そう」

彼が私に与えた影響の大きさは、とても言葉にできないほどだ。そのおかげで私は、アメリカに帰国するころにはもう、人生をかけてやりたい仕事がなにかを見つけはじめていた。

そのとき以来ずっと、私はリーダーたる者の特殊な能力、つまりメンバーから限界以上の力を引き出す能力に興味を持ってきた。あのときのことを何度も思い返し、彼はどうやって私から力を引き出したのだろうと考えてきた。

その答えが、この本のなかにあった。

リズ・ワイズマンとグレッグ・マキューンによる本書は、私がこれまでに読んだどの本よりも深く、人の能力を引き出す方法を掘り下げている。出版のタイミングも、これ以上ないほど完璧だ。

「新たに雇う」よりずっと大事なこと

今の時代、どんな業界のどんな組織でも、「新たな需要に対応できる人材が足りない」というのが共通の問題になっている。しかし、多くの組織は、重大な課題に取り組むに足る人材をさらに採用する余力がない。必然的に、今ある人材のなかから探すことになるが、そうなると、いかにして、すでに存在する能力を引き出し、それを何倍にも増幅させるかが重要になってくる。

40年をかけて、人材の問題に苦しむ組織を助けてきた私が断言できるのは、昨今のリーダーにとって最大の課題は人材不足ではない、ということだ。真の課題は、価値ある人材を十分に活用できていないことにある。

私のセミナーでは、「社員の多くが、今発揮されているよりもはるかに大きな能力、創造性、才能、リーダーシップ、才覚を備えていると思う人は？」と聞くと、ほぼ全員が手を挙げる。次に、「少ない人材でより多くの成果を出すことへのプレッシャーを感じている人は？」と聞くと、これまたほとんどの人が手を挙げる。

ふたつの質問を合わせれば、課題が見える。本書にも描かれているように、社員は「働きすぎなのに、十分活用されていない」のだ。企業のなかには、頭のいい人間を雇えば競合他社より素早く問題を解決できると考えて、「きわめて優秀な人材の採用」を重要戦略に掲げるところもある。だがそれには、組織が彼らの知性を活用できれば、という条件がつく。

社員一人ひとりの能力をフルに引き出す方法を探しあてた組織は、働きやすいだけではない。競争に強くなる。グローバルな環境のなかでは、この違いが生き残りを分ける可能性も大いにある。言うまでもなく、組織に眠る能力をフルに活かすためにもっとも重要なのは、リーダーの役割である。

新しいアイデア

本書は、組織で働く人たちの知性と能力をフル活用するためのリーダーのあり方を描いている。

世の中には、天才を見出すリーダーがいる一方で、メンバーの知性と能力を損なうリーダーがいる。その違いと、そうなる理由を明快に説明したのがこの本だ。

経営の神様ピーター・ドラッカーは、かつてこう書いた。

20世紀の経営が果たした、もっとも重要で、これまでにない貢献は、製造業の労働力の生産性を五十倍に拡大したことである。

21世紀の経営が果たすべきもっとも重要な貢献は、知識労働とその従事者の生産性を上げることである。

20世紀の企業にとってもっとも価値ある資産は、製造装置だった。21世紀の組織にとってもっとも価値ある資産は、営利か非営利かを問わず、知識労働者とその生産性である。

ドラッカーのこの主張に応えられるリーダー、あるいは応えられないリーダーとはどのような人かは、本書を読めばはっきりわかる。

この本を読んで私が強く共感したのは、増幅型リーダーは決して優しいだけのリーダーではないということだ。彼らは、メンバーに大きな期待をかけ、非凡な成果へと駆りたてていく。もうひとつ共感したのは、増幅型リーダーの周囲にいる人たちは、どんどん賢く、仕事のできる人間になるということだ。彼らは難しい問題を解決し、素早く状況に適応し、自分の頭で判断して行動できるようになっていく。賢くなった気になるのではない。実際に賢くなるのである。

あなたが本書の考え方を理解すれば、著者が言うように、「自分が天才になろうとする人間から、天才をつくる人間（他者の能力を引き出し、何倍にも伸ばす）への転身」も夢ではない。その変化の大きさは、はかりしれない。両者には天と地ほどの違いがある。

この本のすごさ

私が本書をすごいと思うのには、いくつかの理由がある。

理由の第一は、実証的な手法とその労力にある。著者は、アメリカ、ヨーロッパ、アジア、アフリカの１５０人の管理職を徹底分析した。その結果、この本には、いきいきと詳細に描かれた世界中の事例があふれている。

第二に、増幅型リーダーと消耗型リーダーの違いを、具体的な要素に注目して解明している。本書は、良いリーダーと悪いリーダーの特徴を一般的に比較したものではない。それよりもはるかにピンポイントで、際立った五つの要素を探り出して説明している。

第三に、「どう行動すべきか」を描いている。この本はマルコム・グラッドウェルのように現象を描くだけでなく、それをさらに深く掘り下げ、増幅型リーダーになるにはどうしたらいいかを実践的に指導している。

そして第四に、普遍的な原則と最先端の知見が、無理なく組み合わさっている。どちらか一方という本は多いが、どちらも備えた本はめったにない。この本は現代のビジネスライフに役に立つだけでなく、人間の良心にも訴えている。

今まさに求められる考え方

本書は、世界中のあらゆるリーダーのためにある。企業経営者はもちろん、教育、病院、財団、非営利組織、スタートアップ、医療制度、中小企業、あるいは地方自治体や政府のリーダーも、なぜこの本が重要なのかが、読めばすぐにわかるだろう。

また、この本の原則はいつの時代にも真実だが、財務や人事の責任者が口をそろえて、社内の人材を有効活用する必要を訴えている今日では、とりわけ有益だ。そのことがこの本にさらなる輝きを与え、より多くの人々の関心をこの本に向かわせるにちがいない。ビクトル・ユーゴーの言うとおり、「旬のアイデアほど強いものはない」のだから。

本書によって数多くのリーダーが、無意識に周囲の人の能力を損なっていたことに気づき、増幅型リーダーになるための一歩を踏み出せたら素晴らしい。生徒の能力を損なっていた学校が、増幅型リーダーの原則をもとに再構築され、地域社会全体に役立つようになれば、こんなにうれしいことはない。私はまた、人々の知性と能力を開花させる方法を学んだ世界のリーダーが、もっとも困難な社会問題にも取り組むことを期待している。

なにより、あなたに、目の前にあるチャンスに気づいてほしい。本書をただ読むだけで終わらないで、ぜひ、あなた自身が増幅型リーダーになってほしい。本書の原則を学んで組織を変え、メンバー本人も気づかなかった隠れた能力を引き出してほしい。あなた自身が増幅型リーダーになれば、あなたのチームにも組織全体にも、かならず素晴らしい結果をもたらすはずだ。そう、私を変えたあのトップのように――

この地球上のすべてのリーダーが、消耗型リーダーから増幅型リーダーへの一歩を踏み出したらどうなるか、想像してみてほしい。

あなたもきっと、増幅型リーダーになれる。

第1章

なぜ、今「増幅型リーダー」なのか

偉大なイギリス首相、ウィリアム・エワート・グラッドストンに会うと、彼が世界一賢い人間に見える。でも、その政敵のベンジャミン・ディスレーリに会うと、自分が世界一賢くなった気になる。
――ボノ（U2のボーカル）

1987年夏、ガブリエル・オズは、イスラエル国民として陸軍に徴兵され、戦闘部隊に配属された。当時28歳。賢くて自信に満ち、明るい性格のガブリエルは、そこで戦車の指揮官育成に選抜され、基礎訓練のために、シリアとの国境に位置するゴラン高原に送られた。

それから半年後、彼と6人の仲間たちは緊急の特殊任務を言い渡された。レバノンとの国境沿いにある10キロほどの地帯を警備せよとのことだった。基礎訓練期間はあと3カ月残っていたが、ガブリエルたちはそこで実際の戦闘を経験することになった。

配置の翌日、彼らは砂漠のなかの銃撃と爆撃音で目を覚ました。その瞬間、複雑で混沌とした戦闘地域に身を置いたことを実感した。しかしガブリエルは、そんな張りつめた環境にあっても、仲間たちと立派に任務をこなし、迅速かつ正確に状況を把握した。その知性と能力は上官たちも認めるところとなり、いつしかスター兵士と見なされるようになっていった。

　ガブリエルたちがイスラエル南部の研修地へ戻ったのは、現場経験が3カ月を過ぎ、本来の基礎訓練期間が終了するころだった。基礎訓練で受ける十倍もの時間を戦車のなかで過ごした彼らだったが、そこでさらに上級の戦車指揮訓練を受けることになった。

　指揮系統も変わった。今度はユバルという上官につくことになった。ユバルは、全体の上位0・1パーセントに入るエリート中のエリートと目されていた。優秀な人材が集まるパイロット研修こそ病気で中断したものの、基礎訓練で飛び級した人物だ。知的で高い能力を持つ戦車指揮官である彼は、そのときちょうど将校に昇進したところだったが、自分の評判をさらに上げ、能力を証明したがっていた。

　そのユバルが、ガブリエルに対してどうやらライバル心を抱いた。たとえば、戦車操縦の知識に優れた彼は、ガブリエルの戦闘経験と競うように自分の知識をひけらかした。走行訓練中に、ガブリエルとそのチームが指定された道標を見逃したと、全員の前で馬鹿にしたりもした。ガブリエルのチームは、とにかく揚げ足を取られつづけた。そのせいで、だんだん力を発揮できなくなり、ガブリエル自身も、一週間もしないうちに戦車操縦の自信を失ってしまった。

　通常、演習では戦車指揮官が射撃手に、地形を観察し、敵を発見し、ねらい打つよう命令をくだす。射撃手は敵の砲撃を受けながら、一瞬のうちにそのすべてを行なうわけだ。一度にいくつものことを処理し、優先順位を判断し、決心し、行動しなければならない。当然、うまく終了させるには、極度の集中と頭の切れが不可欠になる。だが、走行演習では上官が自分の真後ろの、戦車のいちばん上に備えつけられた特別席に控えているため、緊張しやすい。上官は一挙手一投足を見逃さず、膝の上に置いたボードに出来ばえを書き込んでいく。

ガブリエルはユバルが目を光らせるなかでこの演習を続けたが、何度も失敗した。いや、ほぼすべての演習で失敗した。教室では優秀でも、ユバルが後ろに控えた戦車の指揮ではいつも失敗した。ユバルが大声で命令し、あらゆることに口を出し、失敗を挙げつらうごとに、緊張が高まったからだ。ガブリエルは萎縮し、冷静に考えられず、結果を出せなかった。

明らかな失敗を見て、ユバルはガブリエルを戦車指揮官の養成プログラムから除名するよう進言した。除名を決めるには、このプログラムで最高位の将校であるリオール指揮官のもとで演習を行なわなければならない。ガブリエルは、指揮官研修に落第し、ただの一兵卒として戦闘地に戻ることを覚悟して、これに臨んだ。友人たちは幸運を祈ってくれた。

リオール指揮官はガブリエルを連れ、「リンゴ」と呼ばれるもっとも複雑な演習を命じた。リンゴにはあらかじめ決められた筋書きはない。状況は刻々と変わりつづけ、予測がつかない。

模擬戦場で戦車に乗り込む前に、リオールはガブリエルを呼び止めると、地形のさまざまな場所を指さして聞いた。「ガブリエル、ここではどうしたらいい？」「もし敵がこちらに移動したら、どう対応する？」。その声は静かだった。ガブリエルは試されているという気がしなかった。課題を解決するために、指揮官とともに学び、ともに課題に取り組んでいる――そう思った。

リオール指揮官が真後ろの椅子に座ると、ガブリエルはもっとも複雑な演習を見事に、完璧にこなした。演習が終わったとき、リオールは椅子から降りてこう言った。「除名にはしない」

その後、ガブリエルは戦車指揮官の研修を続け、異なる上官のもとで演習を行ない、すべてに優秀な結果を残した。リオールはガブリエルに同級生の上位一割という評価を与え、士官学校に推薦した。ガブリエルはふたたび高度な走行演習を受けたが、そこでも常に上位一割の成績を維持しつづけた。彼はまた、素晴らしいリーダーにもなった。

指令官研修を終了したあと、ガブリエルはガナン、つまりヘブライ語で他の兵士を研修し養成する指揮官に就任した。少佐として兵役を終えてからは、イスラエルとアメリカのテクノロジー業界で成功を収めた。ビジネス界に身を置いてからも、ユバルやリオールのようなリーダーのもと、ガブリエルの業績は上がったり下がったりしたという。

ガブリエルの経験は、リーダーが変われば能力も変わることをよく示している。ある上官のもとでは賢明に能力を発揮できたガブリエルが、別の上官のもとでは萎縮してしまった。ユバルのどんな言葉や行動が、ガブリエルの知性と能力を損ねたのだろう？　リオールのどんな行動が、複雑な状況を分析し切り抜ける能力を蘇らせ、育てたのだろう？

世の中には、メンバーをより優秀に、より賢くするリーダーがいる。彼らはメンバーの能力を見事に引き出す。私たちはそんなリーダーを、「増幅型リーダー」と呼ぶ。この本を読み進めるうちに、増幅型リーダーがどのようにして、周囲の人たちをより有能にするかがわかるだろう。

メンバーを活かすリーダーは、たしかにいる

「ウォッチャー」といえば、バードウォッチャーやクジラウォッチャーが思い浮かぶが、私の場合は、さながら「才能ウォッチャー」だ。これまでに、人間の才能について研究しつづけ、さまざまな発見をし、見分け方を学んできた。

２２０億ドルの売上を誇る巨大ソフトウェア会社オラクルは、才能ウォッチャーにとって最高の場所だった。私は17年間オラクルの経営陣とともに、優良企業や一流大学から採用された多くの知的な管理職と働く機会に恵まれた。グローバルな人材開発戦略担当の責任者としてオラクル大学を運営したときも、優秀な管理職と緊密に連携し、彼らのリーダーシップをつぶさに観察した。

そして、その経験から気づいた。優秀なリーダーは、ふつうのリーダーとは異なる能力の使い方をしている、と。それからというもの、私はリーダーがメンバーに与える影響について、強い興味を持つようになった。

リーダーのふたつの類型

最初にはっきりしたのは、どうやら一部のリーダーは、明らかにメンバーの才能や能力を損なっているということだった。その種のリーダーは、自分の知性にばかり目を向け、自分がいちばん賢い人間であろうと努力するなかで、周囲の人たちにマイナスの影響を与えていた。簡単に言ってしまえば、自分を賢く見せようとするあまり、他の人を愚かに見せてしまっていた。

リーダーが周囲のすべての人やものごとから活力を奪い取ってしまうという経験は、誰でも一度はあるのではないだろうか。そのリーダーがいると、組織全体の能力が下がり、会議の時間も長引く。彼（や彼女）は常に他人のアイデアを抹殺し、エネルギーを奪う。その人の前ではどんなアイデアも萎縮して消え去り、知識の流れがぱたりと止まる。そこでは、知識はリーダーからメンバーにしか流れない。

だが反対に、まったく違う方法で頭を使っているリーダーも目にした。彼らはメンバーの能力を倍増させていた。こちらのリーダーのもとでは、誰もがより有能に、より優秀になっていった。アイデアが花開き、困難は克服され、難題も解決されていた。次々にひらめきを生み出し、アイデアの流れが速すぎて、会議をスローモーションで再生しなければついていけないほどだった。ミーティングでも、さまざまな意見が交換され、ますます活気づいていた。このタイプのリーダーは、明らかに全員の力を向上させていた。リーダー自身が優秀なだけではなく、メンバーの能力も増幅させていたのだ。

オラクルを辞めて考えたこと

その後、私はオラクルを辞め、経営者をコーチングするようになったが、オラクル以外の会社でも同じ力学がはたらいていることを知った。組織全体の能力を引き上げるリーダーがいる一方で、メンバーの能力をダメにするリーダーがいる。なかには、非常に知的でありながら、周囲の人たちをあからさまに、あるいは無意識に拒絶してしまうリーダーもいた。

私は、人材の有効活用に悩む企業経営陣に手を貸してきた。彼らの大半は、業績が右肩上がりの時代に管理職となって成長してきたが、厳しい経営環境に直面して、もはや新しい人材を継ぎ足すだけでは問題が解決できないことに気づいていた。既存の人材の生産性を上げることは、不可欠の課題だった。

そんなある日、デニス・ムーアという天才的な知性を持った企業経営者と出会った。組織の能力に影響を与え、それを周囲に拡散するリーダーについて話し合っていると、彼はこう言った。

「そういうリーダーは、増幅装置のようなものだ。知性の増幅器だな」

そのとおりだ。ある種のリーダーは、たしかに知力を増幅させる。だから私たちは、そんなリーダー」を「増幅型リーダー」と呼ぶ。彼らは、組織のなかに集合的な知識を築きあげる。反対に、組織のなかの大切な知性と能力を破壊するリーダーは、「消耗型リーダー」だ。

では、増幅型リーダーは具体的になにをしているのだろう？　消耗型リーダーとどこが違うのだろう？

数多くのビジネス誌やインターネットの記事を読みあさっても、クライアントに尋ねても、満足のいく答えは得られなかった。それなら自分で調べるしかない。私はついに、組織の能力を増幅させるリーダーの本質を突きとめようと決心した。

調査を開始

まず着手したのは、理想の研究パートナーを見つけることだった。それはうまくいった。スタンフォード大学のビジネス・スクールで学んでいた、グレッグ・マキューンと組むことになったからだ。ロンドン出身のグレッグは経営アドバイザーの経験があり、グローバル企業のリーダー育成を担当したこともあった。好奇心旺盛で疲れを知らず、リーダーシップへの情熱を持ち、私と同じくらい熱心に答えを探そうとしていた。私は博士課程から転身するよう彼を説得し、ついに正式な研究の開始にこぎつけた。

グレッグは厳密な分析と議論を重視し、自らに高いハードルを設け、調査結果を丁寧に書き起こしていった。また、さまざまなアイデアを組織内で教え、試すことにも力を注いだ。私が長年かけて掘り起こし、研究してきたことをこうして世に出すことができるのも、彼のおかげだ。

話を戻そう。研究を開始した私たちが掲げたテーマは、「メンバーの能力を消耗させるリーダーと増幅させるリーダーの決定的な違いはなにか？　それは組織にどんな影響を与えるのか？」だった。それからの730日、私は毎朝、目覚めるたびにこの問いについて考えた。2年間ずっと、この問いを突きつめた。それはまるで、映画『恋はデジャ・ブ』のようだった。この映画では、ビル・マーレイが毎朝同じ時間に同じ目覚まし時計の音で起き、前日の出来事を繰り返す。グレッグと私も、ただひとつの問いへの答えを延々と探しつづけ、増幅型リーダーについての理解を深めていったのだ。

具体的にはなにをしたか？　まず、個人と組織の知識力が競争上優位となるような企業と産業を選び出した。知的資産の力が成否を分ける組織では、増幅型リーダーの影響が大きいだろうと考えたからだ。そのうえで、これらの組織の上層部に話を聞き、増幅型リーダーと消耗型リーダーにあてはまりそうなリーダーを挙げてもらった。そしてそれをもとに150人のリーダーを研究し、彼らの行動を定量的に分析した。それぞれのリーダーのチームにいた元のメンバーと現在のメンバーにも、360度あらゆる角度からの集中的な取材をした。

そしてその後、他の企業と産業、営利組織と非営利組織にも対象を拡大した。地域も広げた。私たちの研究は四つの大陸にまたがり、信じられないほど多くの、信じられないほどさまざまなリーダーにまでおよんだ。そのうちの何人かについては非常に深く知るようになり、彼らとその組織をさらに掘り下げて研究していった。

ふたりのリーダーの物語

私たちが研究したリーダーのなかに、きわめて対照的な人物がいた。ともにインテルで同じ役割を担っていたが、ひとりは太陽のような増幅型リーダーで、もうひとりは北風のような消耗型リーダーだった。

エンジニアのビクラムは、異なる部署でこのふたりのもとで働いた。どちらのリーダーも天才との誉れが高く、どちらもビクラムに大きな影響を与えていた。

太陽のようなリーダー

ひとり目の上司はジョージ・シュニーアだ。インテルのある事業部の部長を務めるジョージは、社内でも有名だった。彼が率いる事業はすべて利益率が高く、成長していたからだ。だが、ジョージがもっとも際立っていたのは、周囲の人たちに与える影響力だった。

　ビクラムは言う。「ジョージのそばにいると、私はロック・スターのようになれました。彼が私をスターにしてくれたんです。彼のおかげで、私は単なる社員から力のある管理職になれました。彼の周りでは、誰もが自分をやり手のように感じられました。ジョージは私から100パーセントの力を引き出してくれた。やる気満々になりましたよ」。ほかのメンバーも声をそろえる。「ジョージのなにがそうさせるのかよくわかりませんが、自分たちがなんだか有能になって、仕事がうまくいくんです。このチームに入ったことが、自分のキャリアのなかでいちばんうれしい出来事でしたね」

　調べを進めてみると、ジョージはメンバーの知識に関心を持つことで、彼らの知性を育てていた。また、自分自身は目立とうとせず、自分が有能に見えるかどうかも気にしなかった。彼の関心はもっぱらチームメンバーそれぞれの知性と能力を最大限に引き出すことにあった。

　ジョージは、ミーティングでいつも全体の時間の一割程度しか口をはさまず、発言するとしても、たいていは問題を整理するためだった。自分は後ろに引いて、チームに答えさせていた。

　彼のチームは、ときに数百万ドルもの価値あるアイデアを生み出し、目覚ましい売上増加を達成した。インテルがマイクロプロセッサー事業に参入するために必要とした収益にも、貢献した。

北風のようなリーダー

それから数年後、ビクラムはジョージのチームを出て、別の事業部長のもとで働くことになった。初期のマイクロプロセッサーの設計に関わった経験もあるこの部長は、頭の切れる科学者だったが、昇進してからは経営的な立場になり、半導体製造工場の責任者も務めていた。問題は、彼がなにもかもすべて自分で考え、周囲のすべての人とものごとをコントロールしていたことだった。ビクラムは言う。「本当に、すごく頭のいい人でした。でも、周囲の人間を切り離してしまうんです。私たちのアイデアも抹殺していました。ミーティングではいつも三割は自分で話す。メンバーの入る余地はあまりありませんでしたね。フィードバックはたくさんくれましたが、たいていは私たちのアイデアをこき下ろすだけでしたよ」

このリーダーはすべての決定を、自分か、もうひとりの人間とでくだしていた。メンバーは、全部決まったあとにそれを知るだけだった。「彼は、自分がすべての答えを知っていると思っていました。偏った意見の持ち主で、そのアイデアを売り込んでは逐一実行させることに夢中でした。自分の意見以外は気にもとめませんでしたね」

彼はいつも頭のいい人を採用したが、入社した人はすぐに、自分の頭で考える自由などないことを思い知らされた。結局、どの人も辞めるか、辞めると脅かすことになった。こうした状況に対して、インテルはこのリーダーの右腕になるような人間を雇い、組織から優秀な人材が流出するのを防ごうとしたが、うまくいかなかった。ビクラムは言った。「私の仕事はなにかを生み出すことではなく、少し手を加えることでした。実力の半分も出せなかった。あの部長のもとでは、もう絶対に働きたくありません」

あなたは「増幅型」か「消耗型」か

ふたり目のリーダーは、自分の知識だけを頼みとし、メンバーを馬鹿にした。そして、組織全体の知性と能力を損なっていた。それに比べてジョージは、メンバーの知力を引き出し、組織のなかに伝染力のある集合知を生み出した。言ってみれば、一方のリーダーは天才、もう一方は天才をつくり出す人だった。

リーダーにとって大切なのは、自分がなにを知っているかではない。メンバーの知識をどれだけ活用できるかだ。チームメンバーがどれだけ賢いかではなく、その能力をどれだけ引き出し、使えるかに着目することだ。

あなたも、この二種類のリーダーと働いた経験があるかもしれない。さて、あなた自身はどちらのリーダーだろう。天才か？　それとも天才をつくり出す人か？

「増幅型リーダー効果」とはなにか?

増幅型リーダーは天才をつくり出す。このリーダーの周りでは、誰もが優秀になる。従来の意味での天才にはならなくても、メンバー一人ひとりの知性が引き出されることで、天才であるかのような雰囲気が出来上がり、イノベーションや生産的な努力や集合知が生まれてくる。

増幅型リーダーと消耗型リーダーを研究するうちにわかったことのひとつは、メンバーから引き出す結果の差が、驚くほど大きいことだった。また、両者がメンバーの知性についてまったく異なるとらえ方をしていること、そしていくつかの行動に際立った違いがあることも、深いレベルで学ぶことになった。

ではまず、増幅型リーダーが与える影響について詳しく見ていこう。なぜ、増幅型リーダーはメンバーをより有能に、より仕事ができるように変えられるのか?（私たちはこれを「増幅型リーダー効果」と呼んでいる）。それだけではない。じつは増幅型リーダーは、与えた以上の見返りを受け取っていることもわかった。

メンバーから二倍の力を引き出す

「増幅型リーダー効果」にはふたつの効果がある。ひとつはメンバーから見た効果。もうひとつは彼らが作る組織から見た効果だ。

知力を引き出す

まずはメンバーから見た効果について。増幅型リーダーは、メンバーの能力を１００パーセント引き出す。彼らが消耗型リーダーよりはるかに多くの能力を引き出すことは、私たちの調査でも明らかになっている。取材した全員に、消耗型リーダーが自分の能力の何パーセントを引き出したかと尋ねたところ、答えは20パーセントから50パーセントの間に留まっていたが、増幅型リーダーの場合は、その割合が70パーセントから１００パーセントにのぼっていた。つまり、増幅型リーダーは消耗型リーダーよりも約二倍の力を引き出していた。私たちは研究を終えたあとも、この質問をワークショップで、あるいは経営陣にしつづけた。そうやって、これまでに出会った増幅型リーダーと消耗型リーダーについて振り返ってもらったところ、官と民、あるいは営利非営利を問わず、どの業界でも、増幅型リーダーは少なくとも二倍の力を引き出していた。

メンバーの一人ひとりから、今の二倍の力を引き出せたら、なにが達成できるか想像してほしい。

これほどの違いが生まれる理由のひとつは、増幅型リーダーのもとでは、メンバーが出し惜しみをしないからだ。増幅型リーダーの周りの人は、自分の持てるすべての考え、創造性、アイデアを出し尽くす。仕事に必要とされる以上の努力とエネルギーと能力を自発的に発揮する。そして、より価値のある貢献をしようと工夫する。高い基準を維持しつづける。100パーセントの力で仕事に取り組み、さらに努力するのだ。

知力を伸ばす

このことは、組織から見た効果へつながっていく。増幅型リーダーはメンバーの知性と能力を引き出すだけでなく、それを育み、伸ばす。私たちが取材した人たちはみな、増幅型リーダーは自分の力を100パーセント以上引き出したと語った。私は、初めて「120パーセント引き出してくれた」という発言を聞いたとき、持てる能力以上のものを引き出せるはずなどない、と言い返した。それでも口々に、本当に100パーセント以上を引き出してもらったのだと訴えた。グレッグはここに注目し、重要なポイントだと指摘した。以来、私たちはこう自問するようになった。なぜ誰もが、増幅型リーダーは自分の能力以上を引き出してくれたと言うのだろう?

その後の研究で、増幅型リーダーはたしかに、メンバーの持てる力を引き出すだけでなく、伸ばしていることを確認した。メンバー自身も知らなかった能力が、増幅型リーダーによって引き出されていたのだ。

それは、知能は育てられるとする複数の研究とも一致している。最近のいくつかの例を見てみよう。

- スタンフォード大学のキャロル・ドゥエックによる画期的な研究によると、子どもたちに段階的に難しくなるパズルを与えたところ、「頭がいい」と褒められた子どもは、自分の能力の限界を恐れて伸び悩んだが、「努力を褒められた」子どもは、問題分析と解決の能力が向上した。考える努力を認められた子どもは、知能は伸びるのだと信じ、実際にそうなったことになる。
- バージニア大学のエリック・タークハイマーは、環境によって子どもの知能が変化することを発見した。貧困家庭の子どもが中流家庭に引き取られると、知能指数は12〜18ポイント上昇した。
- ミシガン大学のリチャード・ネスビットは、次の研究結果を精査した。①学生の知能指数は夏休みの間に下がる。②平均の知能指数は全国的に上がりつづけている。1917年の知能指数の全国平均は、今日の指数に直すとわずか73である。

こうした結果をふまえて、私はグレッグの助言を取り入れ、取材で得たデータを計算し直した。すると、被取材者が言及した追加の能力（100パーセントを超える部分）を計算に入れると、増幅型リーダーは消耗型リーダーの二・一倍もの力を引き出していることが判明した。つまり持てる能力すべてに加えて5~10パーセントものさらなる力を引き出していたことになる。

この効果を組織全体に広げると、「増幅型リーダー」は戦略的にも重要であることがわかる。人材活用は競争優位を生むからだ。

会社の売上を確実に伸ばす

アップルのCEOティム・クックは、COO（最高執行責任者）時代に、ある営業部門の予算を見直し、売上増加が戦略上の最重要事項だと経営陣に念を押した。そこまでは予想どおりだったが、クックが社員を増やさずに売上を伸ばせと言ったときには、誰もが驚いた。その会議に出席した営業担当重役も、人員を増やさなければ売上目標は到底無理だと思ったという。売上は人員の伸びに比例して伸びるというのが、それまでのモデルだったからだ。

クックとその営業担当重役は何カ月も議論を続けたが、互いの溝は埋まらなかった。営業担当重役の頭には、たし算モデル（経営資源を増やすことで成長を実現する）しかなかったのに対して、クックはかけ算モデル（既存の経営資源を活用して、より高い成長を実現する）を語っていた。

たし算の論理

企業の経営計画部門を支配するのは、次のような論理だ。上層部がより大きな成果を求めると、その下で実務を担う管理職は人員を要求する。要請があれば人員は増やすが、それにしても、落としどころが落ち着くまでは交渉が続く。たとえば、頭数を5パーセント増やして、結果を20パーセント上げるといったように。だが、このやり方では上層部も中間管理職も満足しない。一般に、中間管理職は人材の増員について、次のような論理で自衛する。

- 社員は働きすぎている
- いちばん優秀な社員は限界にきている
- したがって、さらに大きな仕事をやり抜くには、もっと頭数が必要だ

つまり、たし算の論理だ。一見、説得力がありそうだが、これでは既存の人材をより有効に活用する機会を見逃してしまう。人材の活用を十分考えないまま配分ばかり議論するのは、金の無駄遣いでもある。

この現状について、戦略の大家でありビジネススクールで教鞭も執るゲイリー・ハメルとC・K・プラハラードは、次のように述べている。「トップ・マネジメントは、経営資源の『活用』よりも『配分』に目を向けすぎている。資源のかけ算的な有効活用よりも、配分に戦略的な重き

を置いて得られる付加価値は、多くない」

ビュッフェの列に並ぶ子どもを思い浮かべてほしい。自分の皿に料理を山盛りにするのはいいが、食べ物をつついたり脇に寄せたりするうちに、結局たくさんの残りものがゴミ箱行きになる。消耗型リーダーはそんな子どもと同じで、頭数を増やしたがり、実際に仕事を片づけはするが、多くの人材を活用しないままにしている。メンバーの能力が浪費されているのだ。

ここで、あるテクノロジー企業の製品開発部門責任者の例を見てみよう。

消耗型リーダーのコスト――ジャスパー・ウォリスは口達者で頭も切れる。自社製品のビジョンと顧客への利点についても、説得力を持って語る。政治的な立ちまわりもうまい。だが、彼の部署はいつも空まわりを繰り返し、ビジョンを実現できないでいた。ジャスパー自身は戦略家でアイデアマンだったが、頭の回転が速すぎて、そのアイデアにチームがついていってなかった。

実際、彼は毎週のように新しいプロジェクトや戦略を立ち上げた。業務の責任者はこう語った。「月曜に『ライバルのX社に追いつくぞ』と告げ、一週間でそれを実現しろと言うんです」。チームは右往左往し、いちかばちかの賭けに出て、数日ほどは前進する。だが、翌週には別の目標を与えられ、結局なにも達成できずに終わっていた。

また、ジャスパーは細かいことに口を出し、それがチームの障害になっていた。彼自身は猛烈に働いていたのに、チームの歩みは遅かった。すべてのことに自分の足跡を残さないと気がすまない性格のせいで人材が浪費され、組織は半分ほどしか機能していなかった。

それにもかかわらず、ジャスパーは社内で同じようなテクノロジーを開発している別の事業部と経営資源を競い合った。次から次に人員を採用し、インフラとスタッフに予算を割いた。はては会社に掛け合って、自分の事業部専用のビルまで建てさせた。そのいずれも、他の事業部と重複するものばかりだった。

ツケは、ついにまわってきた。ジャスパーが生み出す製品は売れず、市場シェアは減った。結局、投資リターン（ＲＯＩ）を検証した経営陣は彼をクビにし、その事業部は他に吸収された。これによって重複するインフラはようやく除かれたが、すでに巨額の資金が浪費され、市場機会も失われていた。

消耗型リーダーは、高くつく。

かけ算の論理

組織全体で人材を有効活用するには、企業に新たな論理を持ち込まなければならない。それが、かけ算の論理だ。頭数を増やさず、今いる社員の能力を効果的に引き出して、成長を加速させるのだ。

かけ算の論理を信じるリーダーは、次のような前提で行動している。

●組織の人材のほとんどは十分に活用されていない
●正しいリーダーシップがあれば、すべての能力が活用される
●したがって、知性と能力は投資を増やさなくても増幅できる

決められた経営資源で事業部の成長を加速させる必要に迫られたアップルは、結局、営業部員の数を増やさなかった。代わりに、さまざまな部門から柱になる社員を横断的に集め、一週間かけて問題を洗い出し、力を合わせて解決策を生み出した。彼らは、もっとも優秀な営業部員と高度な専門性を持つ社員を有効活用する販売モデルに切り替えた。その結果、既存の人員で前年比のほぼ二倍の売上を達成した。

サービスとしてのソフトウェア事業を開拓し、10億ドル規模に成長したセールスフォース・ドットコムもまた、たし算の論理からかけ算の論理への転換をはかっている。過去10年間、彼らは「問題があればそこに人材をつぎ込む」という昔ながらの方法で目覚ましい成長を遂げてきた。優秀な技術者とビジネスマンを採用することで、新しい顧客と新しい需要に応えてきたのだ。しかし、市場環境が厳しくなるなかで、今ある経営資源からより多くを生み出す新たな方法が必要になってきた。もはや、これまでと同じやり方で経営を続けることはできない。今は、増幅型リーダーの育成に力を入れている。

「既存の経営資源を有効活用する」という考え方は、「少ない資源で多くを生み出す」という考

え方とは違う。それよりも、はるかに奥が深い。増幅型リーダーは、かならずしも少ない資源で多くを生み出しているわけではない。メンバーの知性と能力をよりよく活用することで、より多くを生み出しているのだ。あるCEOはそれを次のように表現した。「80人の社員が50人分の働きしかできない場合もあれば、500人分の働きをすることもある」

増幅型リーダーは、人材を有効活用することで、たし算の論理から抜け出せない競合他社に対する優位性を高めている。

増幅型リーダーの考え方

増幅型リーダーと消耗型リーダーを研究するなかで、両者がメンバーの能力について正反対の「思い込み」を持っているということも浮かび上がってきた。その思い込みの違いは、行動の違いにつながっていた。

消耗型リーダーの思い込み――消耗型リーダーは、知性とはエリートにだけ備わった稀少なものだと思い込んでいる。彼らは、本当に知的な人はめったにおらず、自分はそのきわめて少数の賢い人間のひとりだと考えている。そして、自分以外の人間はまるでものごとがわかっていないと思っている。

私は以前、そんな「知性至上主義者」と仕事をしたことがある。その人は、世界でも指折りの一流大学の卒業生ばかりという、高学歴な知的労働者を4000名以上擁するテクノロジー部門の責任者だった。

私がその会社の経営陣20人が集まった会議に出席したときのこと。会議が終わり、議論や決定を反芻ながら会議室を出ようとした私のそばに、くだんの人物が立ち止まった。そして、こっちを向くと悠然と言い放った。「私は会議では数名の意見しか聞かない。それ以外の人間は、たいしたことを言わないから」。私の怪訝な表情を読み取ると、「もちろん、君の意見は聞くよ」と言い訳のように付け加えたが、とても本心とは思えなかった。彼は4000人の事業部を代表する20人のリーダーの、さらに2、3人しか頼りにならないと信じていた。

彼と廊下を歩きながら、スタッフたちの居並ぶパーティションや個室を通り過ぎていると、私にはその空間が、巨大な頭脳の浪費場所のように見えてきた。思わず、「上層部はあなたたちをあてにしてないから、家に帰ったほうがいいわよ」と大声で叫びたくなったほどだ。

消耗型リーダーは、知性を稀少なものととらえるだけではない。それを固定的なもの、つまり時と場合によって変わったりしないものだと考えている。有名な心理学者のキャロル・ドゥエック博士は、これを「固定思考」と呼び、知性と性格は生まれつきだとする固定観念にほかならないとしている。消耗型リーダーは、「今できない人間は、これからもできるようになるはずがない。だから、みんなに代わって自分が頭をはたらかせよう」と二段論法で考える。頭のいい人間には休暇がないらしい。

こんなリーダーの日々がどのようなものかは、想像に難くない。メンバーにこまごまと命令し、重要な決定はすべて自分でくだし、誰かが失敗しそうになると割り込んで仕事を取りあげる。そんなことをしていると、全員がリーダーに服従し、頼るようになる。それでますます、自分は正しかったと思い込むわけだ。

増幅型リーダーの前提――消耗型リーダーがモノクロの世界で知性を判断しているとすると、

増幅型リーダーはカラーの世界でそれをしている。増幅型リーダーは、頭を使うのは少数の人間でいいなどとは思わない。知性は育ちつづけるものだと信じているからだ。これは、ドゥエック博士が「成長志向」と呼ぶ考え方、知性や能力は努力によって育まれるという考え方だ。増幅型リーダーは、「メンバーはみな、自分たちでものごとを解決できる」と考えている。自分のチームは才能ある人材にあふれ、誰もが一段上のレベルで貢献できる、そう考えるのが増幅型リーダーだ。たとえば、私たちが取材したある女性管理職は、メンバーのなかに表面には見えないさまざまな能力が隠れていることを見抜いていた。彼女はメンバーを見下すのではなく、能力を引き出し、育てるためになにができるかを考えていた。そのおかげで、メンバーの能力を伸ばしつつ

リーダーの「前提」がメンバーに与える影響

あなたならどうする？	消耗型リーダー：「自分がいないと、メンバーはなにもできない」	増幅型リーダー：「メンバーは賢く、自分たちで解決できる」
人材管理	使う	育てる
失敗への対応	責める	原因を探る
方向の設定	命令する	挑戦させる
意思決定	決定する	相談する
ものごとの実行	支配する	支える

組織の利益にも貢献できる任務を的確に与えていた。

増幅型リーダーは、自分の周囲にあるさまざまな機会と課題を見ながら、こう考える。「自分と同じことがわかる賢明な人間はどこにでもいるし、経験を積めばさらに賢くなる」。そのうえで、メンバーが自由に考え、行動できる環境を作ろうとする。

このように考えれば、おそらく困難なときにも、メンバーを信頼することができる。メンバーに挑戦させ、仕事を最後までまっとうする自由を与えるはずだ。メンバーがさらに有能になるように、彼らの知性を掘り起こしもするだろう。

両者の前提を理解すれば、その行動もわかるようになる。増幅型リーダーを目指すなら、表面を真似するだけではなく、まず彼らのように考えることから始めなければならない。私は20年にわたって企業経営者を観察しコーチングをするなかで、リーダーの前提がいかに経営に影響するかをつぶさに見てきた。だから断言できる。あなたが自分のものの見方を探り、それを改善することができれば、かならず、よりスムーズに増幅型リーダーの行動を実践することができる。そして、それはかならず、組織にもよい影響をおよぼす。

増幅型リーダーの五つの習慣

では、増幅型リーダーはいつもどんなことをしているのだろう?

150人のリーダーのデータを分析したところ、増幅型リーダーと消耗型リーダーには多くの共通点があった。どちらも顧客に目を向けている。どちらも鋭いビジネス感覚と市場への深い知見を持っている。そして、どちらも有能なメンバーに囲まれ、自分を思慮深いリーダーだと思っている。

しかし、増幅型リーダーに特有の要素もあった。それが、消耗型リーダーにはない「五つの習慣」だ。

①人々を惹きつけ、最大限に活用する——増幅型リーダーは「マグネットのように」人々を惹きつけ、それが誰であろうと最高の力を引き出している。そんなリーダーのもとであれば、成長と成功がかなえられる。だから、増幅型リーダーのもとには、直接でも間接でもいいから一緒に

働きたいと願うメンバーが続々と集まってくる。反対に、消耗型リーダーはメンバーを囲い込み、支配しながら生産性を上げることにこだわる。また、社員を自分の所有物と非所有物に色分けし、なわばりを作ることで全社的な人材の有効活用を妨げる。はじめこそ消耗型リーダーに惹かれる人もいるが、たいていはそこがキャリアの墓場になってしまう。

消耗型リーダーは「帝国の構築者」、増幅型リーダーは「才能のマグネット」である。

②自由でありながら、緊張感のある環境を作る——増幅型リーダーは、メンバー全員が自由に考え、最高の仕事をする居場所、やる気の高まる独自の環境を作り出す。彼らはメンバーを「解放者」のように導く。恐れや不安を取り除き、メンバーがのびのびと最高のアイデアを考えられるようにする。だが同時に、最大限の努力を引き出すために緊張感も作り出す。反対に、消耗型リーダーは「独裁者」のようにふるまう。メンバーを批判することで恐れを誘い、一人ひとりのアイデアと仕事を萎縮させる。消耗型リーダーも最高のアイデアを求めるが、それを手にすることはできない。

消耗型リーダーは「独裁者」、増幅型リーダーは「解放者」である。

③大いに挑戦させる——増幅型リーダーはチャンスの種を撒き、組織力を高めるような挑戦を掲げる。また、それを成し遂げられるとメンバーに信じさせる。するとメンバーは自分自身に

も他の人やものごとにも挑戦し、限界を超えていく。反対に、消耗型リーダーは「全能の神」ように命令し、知識をひけらかす。増幅型リーダーはメンバーが自分で方向を設定するように導くが、消耗型リーダーは方向を指示する。

消耗型リーダーは「全能の神」、増幅型リーダーは「挑戦者」である。

④議論を通じて決断する——増幅型リーダーは、徹底的な議論を通じて健全な判断をくだす。メンバーを率直な議論に巻き込み、全員の理解が得られて効率よく実行できるような決断へと導いていく。反対に、消耗型リーダーは少数の内輪の人間だけで素早く決定をくだし、それ以外の大部分のメンバーの意見を聞くことはない。実行を命令するだけだ。

消耗型リーダーは「意思決定者」、増幅型リーダーは「議論の推進者」である。

⑤オーナーシップと責任を植えつける——増幅型リーダーはチームや組織の全体に高い期待値を設定し、優れた結果を生み出し、それを維持している。彼らはメンバーに、成功に必要な経営資源を提供する一方、メンバーに約束を果たすよう責任を課す。増幅型リーダーの高い期待によって、リーダー自身もメンバーも強い責任感を持つようになり、そこから次第にメンバー自らが高い目標を掲げるようになる。反対に、消耗型リーダーは自分がすべてを支配することで結果を出そうとし、些細なことに割り込んでは成果に結びつけようとする。

「五つの習慣」を比較する

消耗型リーダー		増幅型リーダー	
帝国の構築者	人材を囲い込むが、十分に活用しない	才能のマグネット	才能ある人材を惹きつけ、最高の貢献を引き出す
独裁者	メンバーの思考と能力を抑圧するような環境を作る	解放者	最高のアイデアと仕事を引き出すような緊張感のある環境をつくる
全能の神	命令を与え、知識をひけらかす	挑戦者	メンバーの力を伸ばすような機会を与える
意思決定者	自分のまわりで素早く決定し、組織を混乱させる	議論の推進者	精緻な議論を通して健全な判断に導く
マイクロマネジャー	自分の力で結果を出そうとする	投資家	メンバーにオーナーシップを与え、彼らの成功に投資する

消耗型リーダーは「マイクロマネジャー」、増幅型リーダーは「投資家」である。

三つの発見

私たちは世界中の増幅型リーダーを研究するうちに、初期の洞察を裏づけるような、驚くべき一貫性といくつかのパターンを発見した。そのなかでも興味深い発見は、次の三つだった。

結果への厳格さ

私たちが発見したことでもっとも重要

な知見のひとつは、増幅型リーダーの結果への厳格さだ。彼らはメンバーに最高の仕事を期待し、非凡な結果を出すために背中を押していたが、同時に成果主義の管理職以上に結果を重視し、厳格に評価をくだしていた。増幅型リーダーはメンバーを有能にする。しかし「人あたりのいい」上司とは違う。彼らはメンバーに多くの才能を見出すだけでなく、ベストを望むのだ。

取材のなかで、メンバーたちはこぞって増幅型リーダーへの感謝を口にした。だがそれは、ともにした仕事の大きな充足感によるものであって、居心地のいい人間関係によるものではなかった。たとえば、ある大企業で税務部門の上級副社長を務めるデブ・ラングと仕事をした人物は、こう言った。「デブとの仕事は激しい運動のようでした。ものすごく消耗しましたが、最高の気分だったということです」。また、別の増幅型リーダーについてこう語った人もいた。「自分でさえ知らなかった力を引き出してくれたんです。彼をがっかりさせないためなら、どんなことでもしますよ」

増幅型リーダーのアプローチは、ただ甘いだけではない。単なる洗練されたリーダーシップとも違う。それは、メンバーから多くを引き出し、彼らに豊かで充実した経験を提供し、より高い成果へと結実させる。

ユーモアを忘れない

増幅型リーダーはユーモア感覚に優れている。私たちは調査項目のなかにさりげなく、「ユーモアのセンスがあるか」を加えておいたのだが、その勘は当たっていた。ユーモア感覚はほとんどの増幅型リーダーに共通の特徴であるばかりか、消耗型リーダーのマインドセットと負の相関があった。増幅型リーダーは、自分自身についても状況についても深刻にとらえすぎない。自分の知性を証明する必要がないので、自分を笑い飛ばし、失敗や困難のなかにユーモアを見ることができる。そんなユーモア感覚は、メンバーの気持ちをほっとさせるものだ。

増幅型リーダーのユーモアは、ジョージ・クルーニーを思わせる。彼は自分を下げて相手を癒やし、みんなを自然体にさせる。あるジャーナリストは、クルーニーについてこう語った。「15分もすると、自宅にいるようにくつろいだ気分になったよ」。また、ある共演者は、「彼は私をすごく持ち上げてくれるの……たまらない魅力があるわ」と言う。増幅型リーダーもこれと似ている。彼らはユーモアを使ってメンバーの気持ちをやわらげ、自然の活力と知性を引き出す。

消耗型リーダーだと気づかない人たち

私たちがなにより驚いた発見のひとつは、ほとんどの消耗型リーダーが、周囲を萎縮させていることに気づいていないということだった。彼らの多くは頭がいいと褒められて育ち、個人の実力（たいていは知力）によって出世していた。そのせいで、彼らはリーダーになっても自分が誰よりも賢くなければならないと感じ、管理することこそ自分の仕事だと思い込んでいる。

また、なかには、もともとは増幅型リーダーのマインドを持っていたのに、消耗型リーダーのもとで長く働くうちに、その世界観とやり方を受け継いでしまった人もいた。あるエグゼクティブはこう語った。「この調査を読んで初めて、消耗型リーダーのなわばりにあまりにも長い間いつづけたせいで、それが習い性になっていたことに気づいたよ」

消耗型リーダーのもとで働く人は多い。そこから無事脱出した人もいるが、その場合でも、自分自身のリーダーシップになんらかの悪影響が残っていたりする。

実践法に入る前に

私たちは増幅型リーダーと消耗型リーダーの研究を通じて、優秀な人材が十分に活用されていないケースを繰り返し目にしてきた。また、メンバーたちの多くは、一生懸命働いて力になろうとしているのに、リーダーが自分を活用していないことに不満を持っていた。実際、組織には、まだ使われていない多くの才能が眠っている。

そこで増幅型リーダーの出番となる。彼らは隠れた才能を見出し、メンバーに挑戦させ、能力を最大限に活用する。増幅型リーダーは、ビジネスや教育の場にも、非営利組織にも、政府にもいる。詳しくは後述するが、ここで何人かを簡単に紹介しておこう。

①インド発のＩＴ企業インフォシス・テクノロジーズを20年間率いてきた、創業者兼会長のナラヤナ・ムルティは、自分より有能な人間を採用し、彼らに実力を発揮させ、安定的に成功できる経営チームを築いてきた。その結果、同社の売上は４６０億ドルにまで伸び、10万人の従業員を擁するインド最大の優良企業に成長した。

②バイオテクノロジー企業の経営者を経て、モール・テビドウ・ベンチャーズ（ＭＤＶ）のベンチャー・キャピタリストに転身したスー・セガールのパートナーは、こう言った。「『スー効果』とでもいうものが存在するんです。彼女の周りではすべてが好転し、彼女の指導する企業はかならず伸びます。スーの周りにいる人はどうしてあんなに優秀になれるのか、不思議なくらいです」

③マイクロソフト・ラーニングの責任者、ルッツ・ジオブのチームメンバーはこう語る。「彼はいいことが起きるような環境を作り出しています。優秀な人を採用し、失敗を許容し、重要な決定についてはとことん議論するんです。彼は最高の仕事を要求し、チーム全員と成功を分かち合っています」

④ハイランド高校でラグビー部の監督を務めるラリー・ゲルウィックスは、39年間で３９２勝

9敗という戦績を誇っているが、彼はこの非凡な戦績について、選手の能力をフィールド内外で発揮させるリーダーシップ哲学のおかげだと語っている。

⑤環境起業家として成功したK・R・シュリダールは、最上級クラスの人材を採用したうえで、緊張感はあってもストレスのほとんどない環境を与え、実験とリスクを許容することで、素晴らしいテクノロジーとソリューションを生み出している。

以上5人のリーダーは、いずれもメンバーに高い志を与えると同時に、多くの増幅型リーダーを生み育てている。

この本の目的はシンプルだ。あなたを増幅型リーダーにすること。そして、あなたの周囲から天才を生み出し、より大きな貢献を引き出すことだ。

この本は、厳しい経済状況のなかで経営資源の制約を乗り越えようとするすべてのリーダー、メンバーからより多くを引き出すことで、より大きな成果を出さなければならないすべてのリーダーのためにある。企業がこぞって経費削減を進める今、メンバーの知性と能力を増幅できるリーダーの存在は、これまでにないほど重要になっている。

この本はまた、消耗型リーダーにとって、自己中心的なリーダーシップが周囲にどんなマイナスの影響を与えているかを知るのに役立つのはもちろん、いつも無意識に行なっていることを理解しようとする増幅型リーダーにも役立つだろう。

ただし、本書は増幅型リーダーになるための口あたりのいい処方箋ではない。ここで述べているのは、より高い能力をメンバーから引き出して組織に貢献させる、厳しい経営の技法だ。そしてもうひとつ、増幅型リーダーと消耗型リーダーについて議論を展開しているが、リーダー自身の成果ではなく、リーダーが他者に与える影響を描いたものであることを心得てほしい。さらに、この本は、やる気をくじくようなリーダーやメンバーをあげつらうためのものではない。増幅型リーダーの習慣を身につけるための方法を提示するのがねらいだ。

以上を踏まえ、次章からは、増幅型リーダーと消耗型リーダーの違いをより細かく紹介し、増幅型リーダーの五つの習慣をひとつずつ見ていこう。なお、登場する事例はいずれも実話だが、消耗型リーダーの名前や企業名は変えている。

より効果を上げる読み方

増幅型リーダーと消耗型リーダーは、アプローチの仕方が正反対に思われがちだが、実際には、両者は一本の線上にある。私たちのほとんどはその線上の中間に位置し、増幅型リーダーのほうに向かう能力を持っている。

ただし、増幅型リーダーになるためには、正しい心がけが欠かせない。幸いにも、①増幅型リーダーは実在し、②私たちは彼らを研究してその秘訣を明らかにし、③読者は学習によって増幅型リーダーになることができる。それればかりか、誰かを増幅型リーダーに育てることもできる。そうなれば、増幅型リーダーは複利的に増えていく。

この流れを現実のものとするために、あなたにはぜひ、本書を多面的に読んでいただきたい。もっとも身近なレベルでは、自分の経験に照らして、天才をつくるリーダーもいれば破壊するリーダーもいると認識してほしい。あるいは、これまでの人生や仕事で出会った典型的な増幅型リーダーと消耗型リーダーを思い出すという読み方もある。だが、いちばん望ましい読み方は、自分自身が消耗型リーダーになっていないかを省みることだ。自分は増幅型リーダーのつもりでも、消耗型リーダーの世界で生きているうちに、正しい姿勢を失っているかもしれない。もしそうなら、それを自覚することが大切だ。すべてはそこから始まる。

増幅型リーダーの方程式

「増幅型リーダー」と「消耗型リーダー」

増幅型リーダーは天才をつくり、メンバーの知識を引き出す。組織のなかに伝染力のある集合知を築く。
消耗型リーダーは自分の知性に溺れ、メンバーを低く見て、組織にとって大切な知性と能力を損なう。

増幅型リーダーの五つの習慣
❶才能のマグネット：人材を惹きつけ、その才能を最大限に発揮させる
❷解放者：最高のアイデアを求める
❸挑戦者：難しい課題に挑戦させる
❹議論の推進者：議論を通して決定する
❺投資家：責任を明確にする
結果
メンバーの能力を最大限に引き出すことで、増幅型リーダーは消耗型リーダーの二倍の能力を手に入れる。

第2章

「才能のマグネット」としての技法

私は自分の頭脳だけでなく、借りられるものはすべて使う。
――ウッドロー・ウィルソン
（第28代アメリカ大統領・政治学者）

イーベイのCEOメグ・ウィットマンは、東海岸出身である。そのことは、カリフォルニアにある彼女の自宅を訪れれば一目瞭然だ。いかにもニューイングランド風な白木の三角屋根は、彼女が出たビジネス・スクールのある、マサチューセッツ州ケンブリッジを思い起こさせる。

話は2007年9月にさかのぼる。ちょうど2008年の大統領選が始まったばかりで、両党に次期大統領をねらう面白い候補がそろっていた。そんなある日、私は候補者のひとりを間近に見るチャンスを得た。

場所はメグ・ウィットマンの自宅。裏庭に人々が集まると、彼女はマイクを手に取って、アメリカ大統領候補ミット・ロムニーを紹介しはじめた。

私はベイン・アンド・カンパニーの若手コンサルタントとして社会に出たばかりのころ、ミット・ロムニーと仕事をする幸運に恵まれました。新卒で採用されたコンサルタントはみな、ミットのプロジェクトに参加したがりました。なぜだと思いますか？　それはミットがチームを成功に導き、人を育てる最高のリーダーだと知れわたっていたからです。ミットの周りでは、全員が成長していきました。

私の目には、ハーバードのMBAを取ったばかりで、ビジネスの世界で名を上げようとしている若き日のメグの姿が目に浮かんだ。多くのMBAと同様、エリートの集まるコンサルティング会社ベインでキャリアをスタートさせた彼女は、優れたチームで働くことが、キャリアを前進させ、自分の市場価値を上げると知っていた。そんな彼女が、何人かの先輩から、「もし君が優秀なら、ミット・ロムニーのチームに入れるだろう」と言われたのだ。メグは、ロムニーがなぜそれほど偉大なリーダーなのかはわからなかったが、望みがかなってロムニーのもとで働けることになった。そして、彼と働きはじめて、偉大さの理由を知ったのだった。

ロムニーのチームでは、全員が仕事に入れ込んでいた。彼は時間を割いてどのメンバーともコミュニケーションをとり、一人ひとりの能力を把握した。これは、履歴書を見るよりもはるかに効果があるやり方だった。各メンバーがなにに秀でているかをつかむと、ロムニーはその才能を活かせるクライアントの仕事をさせた。また、仕事を振り分けるときには、「君は次にどんなことに挑戦したい？　どんなことなら、君の能力を伸ばせるだろう？」とも聞いた。

ロムニーがメンバーと一対一で話すときは、プロジェクトの進捗を聞くだけでなく、障害についてもかならず聞いた。「成功を妨げているものはなんだと思う？」と尋ねるのが、彼の口癖だった。そのせいか、彼のチームメンバーが他のグループに借り出されて、問題のあるプロジェクトを救うことも珍しくなかった。

だが、メグの同僚の多くは、メンバーを育てるよりも自分の出世を気にかける典型的なリーダーのもとで働いていた。チームミーティングでは、プロジェクトリーダーから長い説明があり、コンサルタントがひとりずつ自分の担当部分の進捗を報告する。全員、自分の役割以外のことはしない。なにかで苦労していても黙って何日か徹夜で働くだけで、仲間の助けを求めることなどなかった。おまけに、ひとつの仕事が終わっても個人の努力は認められず、プロジェクトリーダーだけがご褒美を与えられ、チームの規模が拡大するだけだった。メンバーたちには、いつも同じような仕事しか与えられなかった。

メグ・ウイットマンは幸運だった。ミット・ロムニーはまさに「才能のマグネット」のようなリーダーだったからだ。彼はメグのキャリアもあと押しした。イーベイのＣＥＯになったメグは、売上を八十八倍に伸ばした。ロムニーはメグのほかにも何百人ものメンバーを惹きつけ、成功へと導いていった。

さて、あなたは才能ある人材を発見し、彼らを惹きつけ、その能力を最大限に活用するリーダーだと目されているだろうか？　あなたのチームのメンバーは、他のどんなリーダーよりもあなたのもとで成長したと語っているだろうか？　組織のなかにメンバーを埋没させ、才能を育てず、使い捨てにするリーダーだと言われてはいないだろうか？　採用には熱心でも、意味のある役割を与えず、メンバーをお飾りのように扱っていると思われていないだろうか？

あなたは「帝国の構築者」か「才能のマグネット」か

増幅型リーダーは「才能のマグネット」だ。彼らは才能ある人材を惹きつけ、その能力を存分に発揮させる。メンバー全員から最高の貢献を引き出す。

また、増幅型リーダーはもっとも優秀な人材と仕事をしている。採用に長けているからではない。優秀な人材が群がってくるからだ。メグ・ウィットマンがミット・ロムニーを見つけたように、メンバーたちは常に「才能のマグネット」のようなリーダーを探している。

反対に、消耗型リーダーは「帝国の構築者」だ。人材を囲い込み、メンバーの才能を浪費する。能力ある人材を取り込むものの、一人ひとりの能力を活用せず、やる気を失わせる。なぜか？　消耗型リーダーは、自分の昇進と利益のためだけに人材を求めているからだ。帝国の構築者は頭数を増やす。おもちゃ箱におもちゃを貯め込むようにメンバーを集め、みんなに見せびらかす。だが、活用はしない。

両者に共通しているのは、どちらも自然に循環を繰り返すということだ。ただし、その中身はまるで違う。才能のマグネットのもとでは、ますます優秀な人材が集まる好循環が起き、帝国の構築者のもとでは衰退の悪循環が起きる。

才能を惹きつける好循環

1914年、著名な英国人探検家アーネスト・シャクルトンは、南極探検への挑戦を表明した。そして、隊員を募るため、ロンドン・タイムズ紙に次のような広告を掲載した。

「危険な旅への同志を求む。わずかな報酬、極寒、暗黒の長い日々、絶えざる危険、生還の保証なし。成功の暁《あかつき》には名誉と賞賛を得る」

すると驚いたことに、数百人もの応募があった。経験豊富なキャプテンだったシャクルトンは、そのなかから、ある特徴を備えた男たちを選んだ。その特徴とは、冒険と名誉に惹かれるだけでなく、現実の困難にも備えのあることだった。このシャクルトンの判断が、のちに探検隊全員の生還につながったのは間違いない。

優秀な人材を惹きつける好循環は、自信と魅力のあるリーダーから始まる。彼らは、挑戦に必

「才能のマグネット」による引き寄せの好循環

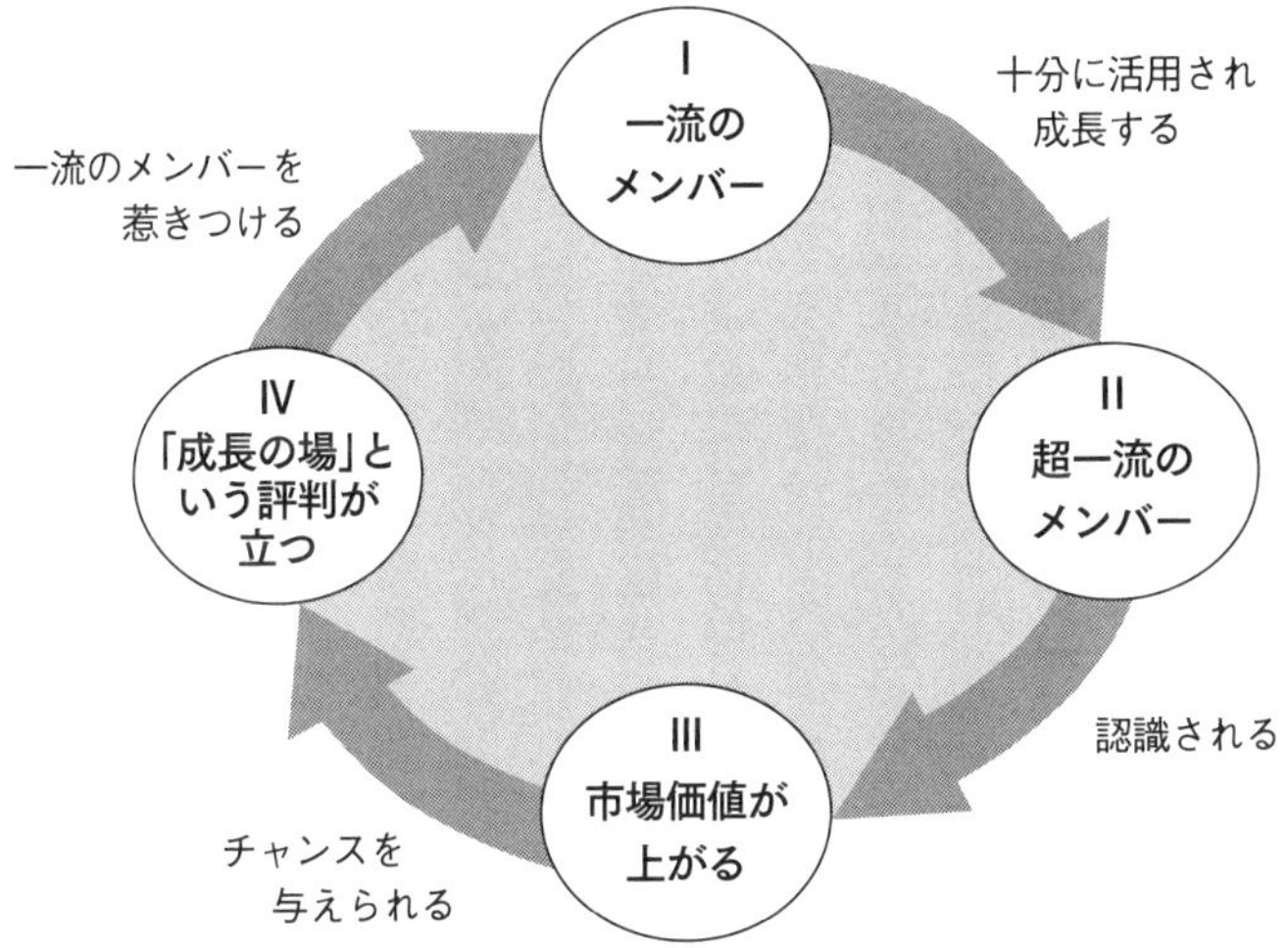

要な才能と知性を持ち合わせた人材を引き寄せる。そして、一人ひとりの天賦の才を見出し、十二分に活用する。その結果、どのメンバーも能力を伸ばし、より有能に、優秀になる。もともと一流のメンバーが、超一流になるわけだ。

そんなチームメンバーは当然スポットライトを浴び、賞賛と名誉を得る。注目を集め、社内外における彼らの市場価値が上がる。最終的に、超一流のメンバーはさらに大きなチャンスを与えられ、リーダーからより多くの支援を受けることになる。

そのうえ、この好循環は次第に高速でまわりはじめる。チーム内で、活用、成長、さらなるチャンスの循環が起き、それが組織全体で認められると、リーダーもチームも名をあげ、このチームには、「人材が育つ場所」という評判が確立される。その定評が広がると、さらに一流のメンバーが集まる。ついには、才能ある人材が安定的に流入し、チームを卒業するメンバーとうまく交代するようになるというわけだ。

ベインでミット・ロムニーに起きたのは、まさにこの好循環だった。メグ・ウィットマンが彼のチームに入ったのもその一環だ。才能のマグネットは、知性と能力の成長を加速させる強力な推進力である。彼らは電磁波と同じように、原子のぶつかり合いによって力を生み出していく。

転落の悪循環

私は長年、ブライアン・ベックマンというカナダ人同僚と親しく一緒に仕事をしてきた。彼は頭脳明晰で、明るく、協力的で、誰からも愛されていた。どんな問題にも対処できることでも知られていた。そして、この評判のおかげで、急成長中の事業部の業務主任という重要な役割も与えられた。

だが、そこに待ちかまえていた上級副社長は消耗型リーダー、確信犯的な「帝国の構築者」だった。ブライアンは、急成長中のこの事業部が抱える複雑な問題を解決する責任を負っていたが、事業部を統括する上級副社長は、根本的な問題を解決する気などなかった。彼の望みはただひとつ、帝国の拡大だ。しかも、そのためにはどんな犠牲もいとわなかった。案の定、ブライアンはすぐにただのお飾りになり、上層部は表面的に問題を処理するだけになった。数カ月もの間、ブ

「帝国の構築者」による転落の悪循環

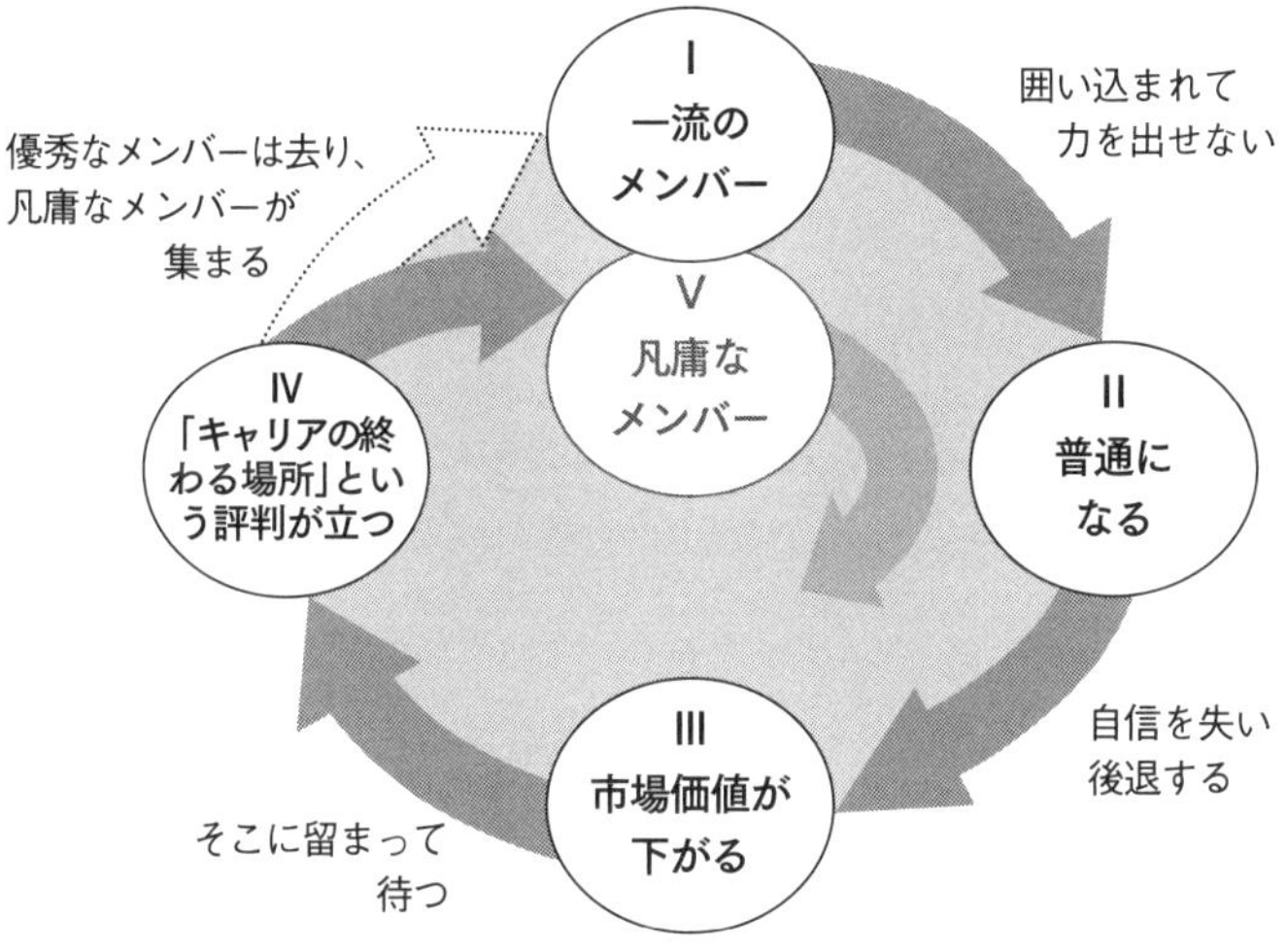
Ⅰ
一流の
メンバー
囲い込まれて
力を出せない
Ⅱ
普通に
なる
自信を失い
後退する
Ⅲ
市場価値が
下がる
そこに留まって
待つ
Ⅳ
「キャリアの終わる場所」という評判が立つ
優秀なメンバーは去り、
凡庸なメンバーが
集まる
Ⅴ
凡庸な
メンバー

ライアンは全力を尽くしたが、上級副社長は無関心なままで、事業部の根底には深刻な問題が残りつづけた。

そうこうするうちに、ブライアンも次第にこの状況に慣れ、ほどほどでいいと思うようになっていった。優秀なメンバーはチームから去っていった。そしてある日、ついに別のリーダーがこの事業部の問題の深刻さを指摘したことで、ブライアンの評判は地に堕ちた。その後も数年間、彼は沈みゆく事業部から抜けられず、彼自身のチャンスも消えていった。

ブライアンは、多くの組織にたむろする飼い殺しのひとりとなった。飼い殺された人間は、一見すると真面目に動いているようだが、内面ではすっかりあきらめている。いわば「仕事を辞めて会社に居残る」状態だ。私は、絶対的なスーパースターだったブライアンがそんな状態に陥っているのがつらかった。

転落の悪循環は、始まりだけを見ると引き寄せの好循環と似ている。帝国の構築者も、自分の周りを優秀なメンバーで固めるからだ（消耗型リーダーに騙されてしまうのはそのためだ）。だが才能のマグネットと違って、帝国の構築者のもとでは、いくら優秀でも力を発揮できず、だんだん凡庸になっていく。仕事で認められなくなり、知性面での自信もなくしてしまう。そしてついには、帝国の構築者の陰に隠れるようになる。そのメンバーの市場価値は下がり、チャンスも消えていく。あとはただそこに留まり、ものごとが好転するのを待つだけだ。

転落の悪循環の影響を受けるのはひとりだけではない。チーム全体にも感染し、やがて「キャリアの終わる場所」として知られるようになる。ある技術分野のスーパースターは、形ばかりの自分の仕事を振り返り、「私はこの場所で賞味期限切れになった」と言っていた。その声は暗かった。もし彼が牛乳なら、とっくに凝固しているだろう。

最終的に、帝国の構築者はキャリアの抹殺者として知られるようになる。そうなると、もう優秀な人材を引き寄せることはできなくなる。すると、ますます頭数を増やして人材を囲い込むのに躍起になるが、うまくいかない。帝国の構築者が優秀なメンバーを集めることができるのは、はじめのうちだけなのだ。

「才能のマグネット」とは？

才能のマグネットが引き寄せの好循環を生み、成果を加速させ、天才を育てることはわかったが、それは市場価値の高い人材や優秀なメンバーだけに限られるのか？　それとも、どんな場所でも、また誰にでも当てはまるのだろうか？

ドイツのミュンヘンに近い片田舎に、ジェネリック医薬品メーカーのヘキサルＡＧがある。１９８６年に、シュトルングマン家の双子の兄弟、トーマスとアンドレアスによって設立された会社だ。アンドレアスは医者としてこの分野に精通し、トーマスは国際的なマーケティングに秀でていた。ふたりはそれぞれの専門を活かし、主に地元で採用した人材を伸ばすことで、自社を成功に導いた。

しかし、この会社のもっともユニークな点は、人材への独特なアプローチにあった。

一度でも経験した人なら誰でも、採用がいかに大変なプロセスかを知っているだろう。適切な候補者を見つけるためには、長い時間を使って、見込みのない候補者も面接しなければならない。だめな候補者は最初の３分でだいたい見分けられるが、60分間は辛抱して面接を続け、「では、またご連絡します」と感じよく言わなければならない。

シュトルングマン兄弟はここに切り込んだ。いや、スタートはふつうの採用方法と同じだった。オランダの地域責任者を探したときも、彼らはまず外部のリクルーティング会社を雇い、応募要項を伝え、候補者リストを待った。ほどなく、リクルーティング会社が9人の候補者を紹介してくれた。

違っていたのはここからだ。兄弟はアムステルダム近郊のスキポール空港に会議室を借りると、一日で面接を終えるよう手配したのだ。面接予定表を見た採用担当者は驚いた。ひとりにつき10分ずつしか取っていなかったからだ。すぐに、この予定では無理だと告げたが、兄弟は大丈夫だと請け合った。いざ始めてみると、彼らは各候補者に10分どころか3分しか使わなかった。その代わり、最後の候補者にだけ3時間かけた。

彼らはこのめずらしいやり方について、こう説明した。「候補者にひとつかふたつ質問をして、自分たちと合わないと思ったら、その場で面接を打ち切ります。たとえば、個人主義の傾向が強い人は、うちの社風に合いません。でも、合うと思ったら時間をかけて、その人の能力と、会社になにをもたらしてくれるかを聞き出すのです」。シュトルングマン兄弟は、適切な人材を見つけ、引き寄せる方法を知っていた。

話はこれで終わらない。ヘキサルに入社した社員は、ふたたび非凡なアプローチに出会うことになる。なんとこの会社には、いわゆる仕事の分担がなく、組織図もない。引き抜きを恐れて組織図を公開しないのではない。兄弟が組織図というものを信じていないのだ。ここでは、社員の興味と能力に合わせて、ゆるやかに仕事が配置されている。彼らはこれを「アメーバモデル」と呼ぶ。

社員のひとり、ウルスラの仕事ぶりを見てみよう。彼女は顧客サービス責任者のアシスタントで、顧客から同じようなリクエストが多数寄せられると、それに対する進捗状況を随時報告していた。だがあるとき、インターネットを使って進捗を追跡するシステムを思いついた。そこで簡単な提案書を書き、同僚たちにメールを送ってみた。「これ、どう思う?」。返信をくれた仲間もいれば、彼女の机に立ち寄って話す同僚もいたが、全員が賛同し、実現したがった。

ウルスラは必要な社員を集め、予算を確保し、即席チームでシステムを構築した。そして、シュトルングマン兄弟にそれを見せた。日頃から、多くの人が賛同するアイデアならいいアイデアだ、と信じていた兄弟は、チームの努力、そしてウルスラのリーダーシップと自発性を心から讃えた。

シュトルングマン兄弟は、熱意を注げる仕事を探すよう常に社員の背中を押し、同時に社員から最高の貢献を引き出している。彼らはなわばりのなかに人々を押し込めない。貢献を限定しない。アイデアと熱意のあるところ、つまり社員がいちばん貢献できる場所で、仕事をさせている。まさにアメーバのように、チャンスのあるところに才能を流入させているのだ。

もちろん、成功の要因はこれだけではないが、シュトルングマン兄弟は2005年、ヘキサルを医薬品大手のノバルティスに76億ドルで売却した。ふたりは55歳にしてそれぞれ38億ドルの資産を手に入れた。平凡な人々から非凡な結果を引き出した結果だった。

では、彼らのようなリーダーは、具体的にどのようにして才能を見出し、それを開花させているのだろう？　じつは、そこには「四つの実践」があった。

才能のマグネットの四つの実践

「四つの実践」は、増幅型リーダーの調査をするなかで私たちが発見したものだ。才能のマグネットは、①どこにでも人材を探し、②各人の天賦の才を発掘し、③能力を最大限に活用し、④障害を取り除いていた。

以下、ひとつずつ見ていこう。

①どこにでも人材を探す

才能のマグネットは、自分の周辺をはるかに超えたところにまでアンテナを張り、常に新しい人材を探している。人間の知性が持つ多面性を認識し、広く網を張り、さまざまな場所、さまざまなやり方で新しい才能を発見しているのだ。

多様な才能を認識する

現在「IQテスト」として知られるテストは、1904年にフランス人研究者のアルフレット・ビネットによって開発されたものだ。もともとは、フランスの小学生の学習進度を評価するためのもので、開発者のビネットは、知能の低さは教え方の質と量の問題を表わしており、学習能力の欠如を示すものではないと考えていた。だが、これがまたたく間に普及すると、彼の意に反して、知的能力を一方的に決めつけるものになってしまった。

とはいえ、この20年間で状況は変わった。今や世界中の心理学者が知性を定義づけ、それを育てる新しい手法を次々に提案している。ハーバード大学教授のハワード・ガードナーによる多重知能理論にしろ、ダニエル・ゴールマンのEQ論にしろ、スタンフォード大学教授のキャロル・ドゥエックによるマインドセット論にしろ、言わんとしていることは明らかだ。すなわち、IQはわかりやすいが、それは人間の知性のほんの一面しか測っていない。IQテストでわかる以上に、私たちはさまざまな意味で賢いのだ。

才能のマグネットは、このことをよく知っている。人の才能はさまざまな形で表に出る。定量分析に優れた人もいれば、読解力のある人もいる。斬新な思考や大胆なアイデアでイノベーションを起こす人もいれば、批判に優れ、計画のなかのあらゆる問題や落とし穴を見つける人もいる。

あるいは、こうした落とし穴を避ける方法を見つけることに秀でた人もいる。

ソフトウェア大手インテュイットの元ＣＥＯビル・キャンベルも、才能のマグネットのひとりだ。経済学を学び、コロンビア大学のフットボールコーチでもあったキャンベルは、シリコンバレーのエリート技術者を導く能力で知られている。

そのビルが、「彼らは、私にできないことができる。彼らには、私にない才能がある」と言う。言うだけではない。彼はメンバーの知性に対する尊敬を行動で示す。メンバーたちが出すようなアイデアが自分にはないことを認め、その貢献に感謝する。自分と違うものの見方をする人たちの考え方と助言に熱心に耳を傾け、知らないことは教えてほしいと率直に乞う。

他者の才能に対する深い敬意が、元フットボールコーチをアップルやグーグル、その他多くの企業ＣＥＯの個人的なアドバイザーにしたのだ。

境界を超える

才能のマグネットは、優秀な人材を集めるためなら組織の境界線も超える。彼らは、どんな場所にもさまざまな形の知性を見つける。壁も階層も上下の制約もない世界に生き、人材のネットワークを見つけ出す。

誰が誰のために働いているか、なにかが起きたら誰が責任をとるかをはっきりさせるには組織図が役立つ。だがそれは、天才を探すには大して役立たない。実際、増幅型リーダーにとって、組織図は意味がない。なぜなら、組織の全員が彼のために働いているようなものからだ。少なくとも、彼が才能を発掘したした人はみな、彼のために働いている。

増幅型リーダーはこう考える。「もし、誰かの才能を見出すことができたら、それを活用できる」。単純なことだ。人間はみな自分の能力を使って貢献したいと思っていることを、増幅型リーダーは知っている。リーダーが努力してメンバーの能力を見出せば、そのメンバーはかならず組織に貢献するようになる。組織図上の正式なメンバーかどうかなど関係ない。

増幅型リーダーはしばしば、多部門にまたがるプロジェクトや多企業間のプロジェクトを率いて注目される。重要な役割を任され、組織の先頭に立つことも多い。ゴーストのCEOツィビ・シュライバーもそのひとりだ。イギリス生まれのイスラエル人であるツィビは、インターネットに接続されたすべてのコンピュータから、自分のファイルやデスクトップにアクセスできるような、無料のウェブ版バーチャルコンピュータを開発するために、ゴーストを立ち上げた。コンピュータ界の壁を打ち破る、それが彼の戦略だった。ゴースト（GHOST）という社名も、グローバル・ホステッド・オペレーティング・システムの頭文字であるとともに、壁を通り抜けられる「幽霊《ゴースト》」という意味がある。

ツィビは、立ち上げに必要な人材を探すときにも、これと同じ姿勢で臨んだ。本社はイスラエルのモディーンにあるため、国内にいる多くの技術者やビジネスマンをそこで採用してしまうこともできた。だが、彼は和平交渉の決裂によって孤立したパレスチナ側にも目を向けた。そこに優秀な技術者が大勢いることを知っていたからだ。ツィビは資金提供者のベンチマーク・キャピタルを説得し、リスクを承知でイスラエルとパレスチナの国境沿いにオフィスを立ち上げた。

ヨルダン川西岸のラマッラーにあるパレスチナ・オフィスには、35人のソフトウェア開発者が常駐し、研究とプログラミングの大半を担った。国境から20キロほど離れたモディーンにも少人数のチームが稼働していた。ふたつのチームはビデオ会議を通して仕事を進めた。顔を合わせる必要があるときは、ジェリコ近くにある、ラクダやベドウィン族の羊飼いが通る砂漠の道路沿いに建つ、おんぼろ喫茶店に集まった。

こうしてツィビは、組織の境界だけではなく、文化的にも政治的にも物理的にも対立し、軍隊が常時パトロールする国境をも超えたのだ。

②天賦の才を発掘する

かつて、私が多国籍企業のグローバル部門で責任者だったときのことだ。当時は、多部門にまたがるミーティングやプロジェクトに多くの時間を費やしたが、ミーティングの最中に話がややこしくなると、かならず誰かが私にホワイトボードのペンを渡して、「リズ、ちょっとまとめてくれ」と言った。そのうち、私はこう思いはじめた。「どうしてややこしい話になると、私にお鉢がまわってくるんだろう？　自分の仕事でもないのに、いつも任されてしまうのはなぜ？」。

仕事でもそれ以外の場でも、このパターンが何年間も繰り返された。

そして、私はようやく気づいた。自分は責任者として仕事を任されたわけではないのだ、と。本当は、集団の議論をまとめるファシリテーターが必要なときに、私が前に立たされていたのだ。そのわけを同僚が教えてくれた。「リズは問題を枠組みにあてはめたり、意見をまとめたり、行動の選択肢を列挙したりするのが得意だからだよ」。なんですって？　私は彼を呆然と見つめながら、今の言葉を理解しようとした。私にとってそれは当たり前のことで、まるで「息をするのが得意だ」と言われたようだったからだ。そういうことが難しいと思う人がいるなんて、びっくりだわ――。でもじつは、それが私の天賦の才、つまり私にとって自然で自由にできることなのだと、教えられたのだった。

生まれ持ったものを探す

才能のマグネットは、他者の生まれ持った才能を発掘し、引き出す方法を知っている。「生まれ持った才能」とは、たとえば360度評価で高く評価された長所やスキルよりも、さらに具体的なものだ。しかも、際立ってうまいだけでなく、自然に身についていて、簡単に（余分な努力なしに）、自発的に（どんなときでも）できるもの。要するに、汗をかかずに、誰よりもそのことで結果を出せる。報酬やご褒美がなくてもそうする。そのことによって充実感が得られるから、自分から進んでその力を貸そうとする。正式な仕事であってもなくても、無理せず、いつも、すぐに、快く。

どのメンバーも持っているそんな才能を見つけることができれば、自発的な努力を促すことができる。そこに光をあてれば、メンバーのやる気は増し、知性もフルに発揮される。問題は、どうやってそれを見つけるかだ。

それにはまず、メンバーの行動を注意深く観察するしかない。彼らの熱意と自然のエネルギーの流れが、どこで最大になっているかを見極めるのだ。

行動を観察するときは、次のような点に留意するといいだろう。

- この人がなによりも優れていることはなにか？
- この人がほかの誰よりも優れていることはなにか？
- この人が努力しないでもできることはなにか？
- この人が頼まなくてもすることはなにか？
- この人が報酬なしでも喜んですることはなにか？

才能を特定し、本人に伝える

「最後に水に気づくのは魚だ」という言葉があるように、本人が天賦の才に気づいていないことも多い。だが、自分の才能に気づかなければ、それを意図的に活用することはできない。彼らは誰かに教えられることで自覚し、自信を得て初めて、その能力を発揮するようになる。

ほぼ無敵として知られるハイランド高校のラグビーチーム監督、ラリー・ゲルウィックスは、どんなコーチよりも選手の力を引き出すことで有名だ。

選手のひとりであるジョンは、ラリーのもとでプレーするまで、自分はいい選手かもしれないが偉大な選手ではない、と感じていた。しかし、ラリーの指摘で考えが変わった。「ラリーはみんなの前で、僕のスピードを褒めたんだ」。それを聞いたとき、誰よりも驚いたのはジョン自身だった。「自分でもまあまあ速いとは思ってたけど、それほど速いとは思っていなかった。でも、ラリーが教えてくれたおかげで、自分のイメージができた。『僕は速いんだ』ってね。それからは、スピードが必要な場面ではいつも、このことを思い出して、自分の限界を超えるように頑張った」。そうやってジョンは、スピードを上げただけでなく、誰よりもその才能を極めていった。

ジョンのように、自分の才能を誰かに指摘されて困惑する人は少なくない。もし、相手が「えっ？　誰でもできることじゃないの？」とか「そんなにたいしたことじゃないよ」といった反応を示したら、きっとそれが天賦の才だ。

③才能を最大限に活用する

才能のマグネットは、天賦の才を特定すると、次にその能力が発揮できる機会を探す。すぐに見つかる場合もあるが、ときにはビジネスや組織を見直さなければならない場合もある。

人々にチャンスを与える

ピーター・メリルは大学時代に、プロフェッショナル・コーチング会社のアルバイトをした。時給9ドル。顧客サービス担当として、彼はほかのどの担当者よりも多くの電話を受け、ついには、キャンセルしようとした顧客を「ほぼ100パーセントつなぎとめた」という記録を作った。

さて、ふつうの管理職なら、ピーターのようなアルバイトをどう処遇するだろう？　彼が気持ちよく仕事をできるように配慮する？　卒業後に正社員の職をオファーする？

ピーターの上司の上司だったアン・カルサは、そんなことでは満足しなかった。彼女はまず、ピーターがなぜ顧客をうまくつなぎとめられるのかを探った。そして、ピーターが聞き上手であることを突きとめた。よく観察してみると、ピーターは親身にじっくりと顧客の意見に耳を傾けたうえで、もう一度自分たちにチャンスをくれるよう頼んでいた。

では、なぜピーターは聞き上手なのか？　アンはさらに探った。すると、彼には相手の殻を破って人生や仕事の深い話までさせる、特殊な才能と興味があることが見えてきた。ピーターの同僚にもこの点を確かめたが、誰もが同意した。ピーターと話をしていると、昼休みのちょっとした時間でさえも、会話がそちらに向かうのだという。

ピーターはかならず顧客サービス部門で大成する、アンはそう確信した。

こうして、顧客サービス部門担当のアルバイトとして採用されてから三週間もたたずに、ピーターはアンの依頼によって、もっとも難しいクライアントに対応するコーチング部門に異動した。彼はここでも、キャンセル率ゼロという驚くべき偉業を達成したが、アンはなおもピーターを観察し、彼個人の価値を高め、会社により大きな価値をもたらす機会を探りつづけた。

そしてある日、アンはピーターにこう打診した。自分でコーチングの商品を開発する気はない？　ピーターがもっとも利益率の高い商品を発売し、年間２００万ドルの売上をもたらしたのは、アルバイトを始めてから1年後のことだった。ひとりの社員が十倍以上の価値を会社にもたらしたことになる。ピーターは優秀なアルバイターから、成功したリーダーになった。

アンは、メンバーの才能を掘り出し、それを最大限に発揮できる機会に見事に結びつけた。だが、それは彼女にしてみれば当然であり、同時に意図的なマネジメントだった。アンは、わざわざ合宿などしなくても、メンバーの特徴を分析できる。一人ひとりをよく観察するだけで、彼らが努力なしにうまくできることや、興味を持っていることがわかるのだ。

アンは今も、メンバーの素晴らしい才能を会社のためにどう活かすかを探求しつづけている。

あなたの会社にも、適切なチャンスを与えられたら、１００万ドルの価値を生み出せる人材がいるかもしれない。あなたのチームに、大きな貢献を妨げられているメンバーはいないだろうか？

スポットライトをあてる

カリフォルニアのシエラ山脈では、毎年10代の少女たちが75人前後、サマーキャンプに訪れる。少女たちはここで一週間の楽しい経験や冒険をしながら友情を育み、それが若き日の特別な思い出になっている。

このキャンプを支えているのは、60人のボランティアだ。責任者はマルグリット・ハンコック。この6年間、素晴らしい若者とそのリーダーたちを率いてきた。ふだんは、スタンフォード大学で研究主任を務めている。聡明で、仕事ができて、有能な教師だ。だがなによりも、ユニークな考え方を持つ、たくましいリーダーである。

サマーキャンプのスタッフはこう語る。「マルグリットはきわめて優秀で、キャンプのどんな仕事でも自分ひとりでこなせるほどです」。とはいえ、彼女はあえて自分でするのは控えている。代わりに、増幅型リーダーらしく、このキャンプに参加する59人のリーダーの知性と貢献を引き出しているのだ。

マルグリットの仕事は、注意深く一人ひとりの強みを見ながら採用し、「ドリームチーム」を作ることから始まる。スタッフのひとりは言った。「マルグリットは本当によく人を見ています。その人のいちばん秀でた点がわかるまで観察するんです。それと、彼女自身の弱い部分を補う特徴を持ちあわせているかも見ているようですね」

いざ採用すると、マルグリットは次に、それぞれの強みが輝く場所を見つけ出す。少女たちと一対一で向き合うのが得意な人もいれば、スポーツ活動の監督が得意な人もいる。夜のキャンプファイアの段取りがうまい人もいる。それぞれの役割が、独自の才能に合うように、注意深く割り振っていくのだ。

マルグリットはまた、各メンバーに採用の理由を伝える。才能を見出すだけでなく、それをはっきりと指摘するためだ。あるキャンプリーダーはこう語った。「マルグリットは私の才能を教えてくれました。なぜそれが大切なのかも。私と私の仕事が、キャンプにどう役立つかを教えてくれたのです」。それだけではない。マルグリットはスタッフ全員の前で、その人の才能を知らせる。たとえば誰かを紹介するとき、彼女はいつもこんなふうに言う。「ジェニファーは創造性の塊なのよ。あなたがアート活動を率いてくれて、本当に幸運だわ」

だが、マルグリットは自身は常に舞台裏に控えている。スポットライトを操作して、自分ではなく、スタッフが輝くように光をあてるのだ。彼女は今もこのやり方で、59人のリーダーたちの充足した成長体験を生み出している。そしてまた、75名の少女たちの性格形成に寄与し、人生を変える経験をつくり出している。

④障害を取り除く

才能のマグネットは、人材とその知性を惹きつけて育て、成長に必要な居場所と支援を提供する。しかし、それだけではない。どんな組織にもいる、他人を踏みつけたり、成長を促す経営資源を無駄遣いする人、いわば周囲の人間の成長を阻む庭園の雑草のような人を取り除くのだ。

女王様を排除する

シリコンバレーの中心に本社を置くブルーム・エナジーは、クリーンで、信頼性が高く、手頃な燃料電池の開発で知られている。ベンチャーキャピタル会社クライナー・パーキンス・コーフィールド・アンド・バイヤーズが初めて投資した、環境テクノロジー企業でもある。今や業界のリーダーに成長したこの会社を率いるのは、宇宙工学と環境分野で有名な科学者であり、エネルギー分野の思想家でもあるK・R・シュリダールだ。

シュリダールは、自身が「人材工学」と呼ぶ手法によって、この会社を立ち上げた。彼はこう説明する。「優秀な人間は、さらに優秀な人間を引き寄せる。その頭脳と情熱は周囲の人を有能にし、情熱を持つ人材を集める。だから最初の50人の採用がいちばん大切で、いちばん難しい」

ブルーム・エナジーが最初の50名の採用を始めたとき、環境テクノロジーで成功した企業はまだ存在しなかった。そこでシュリダールはまず、自社製の発電機の開発に必要な技術を分類し、それぞれの技術におけるリーダー企業を特定した。次に各企業を徹底調査して、どうしても欲しい人材を見つけ出した。さらに、その一人ひとりに接触し、ブルーム・エナジーの大胆な目標を説明し、入社してほしいと説得した。そして、各分野の最高の才能の集合体を作り上げた。

必要な人材を手に入れたシュリダールは、チームとしてエネルギー技術を統合し、開発を開始した。その際、ひとつだけルールを決めた。それは、「女王様は必要ない。自我を捨ててチームとして働くこと」だった。

だが、違反者が出た。エリートチームのなかでもとくに替えのきかない非凡な科学者で、ソリューションの核となる技術の世界的権威であるステファンが、チームに協力することを拒みはじめたのだ。彼は自分の殻にこもって、技術的な方向性を決めていった。

重要なベータ版の発表を18カ月後に控えていた。チーム内に緊張が走った。シュリダールはステファンを自室に呼んで話し合ったが、彼は引き下がらなかった。そればかりか、このプロジェクトに自分が欠かせないことを知っていたステファンは、逆にシュリダールに迫った。自分をとるかチームをとるか、と。シュリダールは選べないと応えたが、ステファンは許さなかった。

シュリダールは問題とリスクを熟考した。そして1時間もしないうちに決断した。チームを選んだのだ。彼はステファンを戸口まで送ったあと、チームメンバーのいるほうへ歩いていくとこう言った。「リスクは承知しているが、我々なら乗り越えられるはずだ。やりきれると信じている。だが、かなりの遅れが出るだろう」

シュリダールがトップ技術者を辞めさせたことを知ったチームメンバーは、驚きのあまり言葉も出なかった。が、そのとき、メンバーのひとりが沈黙を破った。「遅れは出ません。前例のないことをやりましょう」。その瞬間からチームに活気が戻り、全員で時間外も週末も働いた。彼らは自分たちに足りない知識を補うために、コンサルタントも引き込んだ。そして、宣言どおり18カ月を全力で走り切った。ステファンの穴を埋めようとするうちに全員が成長していた。結局、当初の締め切りにわずか2日遅れただけで、素晴らしい製品を完成させた。

それ以来、この出来事が会社運営の基礎になった。「業界のなかでもっとも優秀な人材を採用するが、女王様はつくらない」。シュリダールはチームの足を引っぱるような女王様を排除することで、組織全体の知的資産の育成を加速させたのだ。その後も、ブルーム・エナジーはますます花開き、クライナー・パーキンスが環境テクノロジー企業に投資しつづける理由として、何度も引き合いに出されている。

実例として、もうひとり紹介しよう。

30億ドル規模の消費財メーカーを率いるCEOが、商品の価格を決定しようとしていた。この商品の生む利益は、今後の研究開発の大事な資金源になる予定だった。そのため、この決断はいつにも増して重大だった。だが、経営陣のひとりであるロンが、既存モデルを捨てることにも、新しい方向に進むことにも賛同しない。何度も話し合いを重ねたが、それでも話がまとまらず、とうとう経営陣のなかで決を取ることになった。

最後の話し合いの前に、CEOはロンを脇に呼んで率直に尋ねた。「もし価格を変更することになったら、新しいモデルを支持してくれるかい?」。ロンは、そうなったら新しい方向性を支持すると答えた。

ところが、会議になるとロンは前言を翻《ひるがえ》した。「私たちのチームは、新しい価格設定を支持しません」と言ったのだ。その場の流れと活気がふたたび停止し、会議室にはイライラとした沈黙が漂った。そのときだ。CEOはミーティングを中断し、ロンに外に出るよう告げた。そして、数十メートル離れた社長室に彼を連れていくと、その場で解雇した。

CEOは会議室に戻る途中、自分の行動は拙速だったのではないか、そのせいでみんなのやる気が削がれないかと心配した。だが、ロンをクビにしたと告げると、心配とは裏腹に、どの人の顔にも安堵の表情が浮かんでいた。経営陣のひとりはこう言った。「もっと早くクビにしていてもよかったのかもしれません」

あなたの優秀なメンバーは、社内の他の優秀なメンバーの邪魔をしていないだろうか？　もしそうなら、妨害者を排除するのに時間をかけすぎていないだろうか？

自分が妨げにならない

ときには、リーダー自身が妨げになっている場合もある。経営の神様と言われ、私のメンターのひとりでもあるC・K・プラハラードはかつて、インドの格言を教えてくれた。「ベルガルボダイジュの下では、なにも育たない」。ベルガルボダイジュは大きい。その下は涼しくて居心地がいいが、陽がささないという。リーダーの多くは、この木のようなものだ。メンバーを守ってはいるが、それだけでは誰も育たない。

ある女性管理職は、お気に入りの言葉を自分のオフィスのドアに掛けている。そこにはこうある。「私を無視して、さっさと仕事を終わらせて」。この言葉は、メンバーの判断と能力への信頼をひと言で表している。おかげで彼女のチームメンバーは、自分たちの判断で仕事を迅速に終わらせるほうが、リーダーの機嫌をとるより大切だと知っている。

彼女はまた、新しいスタッフが入るといつもこう伝えるという。「私のやり方と違えばイライラすることもあるけれど、いずれ気にしなくなるわ。私はあなたの判断を信じるから、やりつづけて結果を出してちょうだいね」。才能のマグネットは、チームメンバーの成長を阻む障害物を取り除く。

才能のマグネットの世界は、常にダイナミックだ。リーダーが強い磁力となって人材を惹きつけ、一人ひとりの才能を十二分に活用し、伸ばし、新たな挑戦への準備させつづける。しかし、帝国の構築者はそんなふうにワクワクする旅を与えてはくれない。そこは、政治と所有と制限の世界だ。

消耗型リーダーはメンバーをどう扱っているか

増幅型リーダーは、優秀な人材はどこにでも存在すると信じ、実際にメンバーのなかの隠れた才能を発掘し、それを最大限に活用する。これに対して消耗型リーダーは、自分の指示がなければメンバーはなにもできないと考えている。ある上級管理職は、IT部門の不振は自分以外の人間が指揮をとっていたからだと言った。自分がその人材を抱えれば解決できると思ったらしい。だが、事実は違う。消耗型リーダーは人材の所有者であって、育成者ではない。人を育てないので、メンバーはやる気を失い、そのうち本当に能力が下がることも少なくない。

人材を獲得する――帝国の構築者は組織図を強く意識し、人材獲得に力を入れる。なかには人材の囲い込みだけに固執するリーダーさえいる。

第1章に登場した、消耗型リーダーのジャスパー・ウォリスを思い出してほしい。彼は経営陣のなかで誰よりも大きななわばりを築くことに固執していた。そして、何年間も右手でなわばりを拡大しながら、左手で根底にある問題を隠してきた。ジャスパーは、自分たちの事業部専用のビルに加え、顧客訪問センターと訓練施設を持つまでに帝国を拡大した。しかし、急速かつ無軌道に成長した彼の事業部には、数々の問題が発生していた。それらは未解決のまま、ますます深刻になり、結局は大幅な規模縮小を強いられ、別のグループに吸収された。古代ローマと同じく、拡大しすぎた帝国は、自らの重みで崩壊する運命にある。

メンバーを組織図に囲い込む——帝国の構築者のおなじみの手法のひとつに、分割統治がある。彼らは最高の人材を採用し、自分の領土に囲い込むが、メンバーが壁の外に出ることは喜ばない。一人ひとりの多様な視点を尊ぶのではなく、自分が中心になりたがるのだ。たいていの場合、一対一でのみ話し合うか、領主のように会議をとり仕切るから、その人が帝国の構築者かどうかは特定しやすいはずだ。

あるマネジャーは、チームではなく一対一で重要な決断をくだすことで有名だった。そのせいで、メンバーたちは水面下で駆け引きをするようになっていた。とくに金曜の帰宅前は、誰もが彼と個別に話し合いを持ちたがった。なぜか？　彼はいつも週末にひとりで決断し、月曜のスタッフ会議でそれを発表する。だから、金曜の帰宅前に捕まえた人間の意見がいちばん通りやすいと、みんなが気づいていたのだ。

才能を損なう——帝国の構築者は、自分にスポットライトをあて、メンバーを飼い殺しにする。彼らが好むのは、あくまで自分が目立つ脚本だ。いつだって主役になりたがる。才能のマグネットはメンバーに手柄を与えるが、帝国の構築者は手柄を奪い取る。

彼らは人材の獲得には積極的だが、育成には関心がない。消耗型リーダーのもっとも苦手な三つのスキルのひとつが「チームメンバーの育成」であることは、私たちの定量調査でも明らかになっている。

帝国の構築者と才能のマグネットは、メンバーの才能をどう扱っているか？

帝国の構築者		才能のマグネット	
行動	結果	行動	結果
●人材を囲い込み、才能を浪費する	●優秀な人材なら避けるべき場所という評判が立つ（キャリアの墓場） ●才能を活用せず退化させる ●優秀な人間は助けなど借りないと思い込む ●間違った思い込みに陥った優秀な人材は、やる気をなくし停滞する	●人材を惹きつけ、最高の貢献を引き出す	●優秀な人材が働くべき場所という評判が確立する（成長する場所） ●力が十二分に活用され、才能が伸びる ●成長した優秀な人材が別の優秀な人材を惹きつける ●優秀な人材が昇進して人材の新陳代謝が起きる

また、彼らが優柔不断であることも、メンバーが育たない原因になっている。ある消耗型リーダーは、行動を躊躇してチームの足を引っぱることで有名だった。メンバーたちはこう語っていた。「彼とそのとりまきは、なにも決断できませんでした。分析ばかりして、答えを出さなかったんです」。そのうえ、有害な管理職や仕事のできないリーダーをクビにせず、ゆっくりと飼い殺しにしていた。あるメンバーはこう言う。「スタッフが疎外されていく様子を見るのはつらかったですよ。子どもがクモの足を一本一本引き抜いて、クモがよろよろと立ち去るのを見ているようでした」

帝国の構築者が優秀な人材を獲得しても活用しないのは、心の底ではその力を過小評価しているからだ。彼らは、メンバーの知性と能力を成長させる代わりに、「頭脳はひとつで手足の多い」組織モデルを踏襲する。つまり、彼らの運用する資産は、価値が上がらない。チームをキャリアの墓場にする消耗型リーダーは、組織にとってどうしても高くつく。

メンバーはやりがいを求めている

前述した少女向けキャンプの責任者マルグリット・ハンコックは、メンバーから最大限の力を引き出すことでも知られている。彼女は全員に最高の仕事を期待する。恐れずに厳しい要求を突きつける。あるメンバーはこう言っていた。「マルグリットはすごく難しいことを頼みます。でも強制じゃない。自発的にやる気にさせるんです。彼女は私たちにも、周囲の人に難しい課題を与えることを期待しています」

マルグリットのリーダーシップのもとでは、全員が「力を出し切って、思いがけないことができた」と言う。毎年キャンプが終わると、スタッフリーダーたちはほっとするが、同時に「本当にやりがいがあった。へとへとになっても、またすぐにやりたいと思う」と言う。

優秀な人材がいい仕事をし、どんなに疲れてもまたやりたいと思う――それが才能のマグネットのなせる業《わざ》だ。

才能のマグネットになるために

増幅型リーダーはメンバーから二倍の能力を引き出し、メンバーの才能が伸びるにつれて、その配当を受け取る。

土台を作ろう

才能の発掘者になる——小売りチェーンの管理職トッド・パレッタは、増幅型リーダーだ。彼はある日、ニューヨークで神経をつかう会議を終え、西海岸の自宅に戻るために飛行機に乗ったが、離陸と同時に赤ちゃんの泣き声が聞こえはじめた。上空1万メートル近くまで上昇すれば通常の体勢に戻る。そうすれば泣きやむだろうと思ったが、だめだった。それればかりか、泣き声が自分のすぐ後ろの席から聞こえていることに気づいた。ビジネスクラスに赤ちゃんが乗っている！　振り返ると、なんと、母親が立ち上がって赤ちゃんをあやしていた。そのうち、今度は彼の耳のすぐ横で泣き声が響きはじめた。トッドはイラついた。

だが、母親に注意を移すにつれて気持ちが変わってきた。彼の「才能発掘モード」が作動しはじめたからだ。よく観察してみると、その母親はじつに巧みに赤ちゃんをあやしている。同時に、周りの乗客の沈黙のプレッシャーもかわしていた。思わず感心した。さらに観察しているうちに、母親がとても我慢強いことにも気がついた。

そこで、トッドは母親に話しかけてみた。話をしながら、彼女の天賦の才はなんなのか、その源泉はどこにあるのかと、頭のなかで考えをめぐらせた。こんな想像もした。「もし、この母親が自分のチームにいたら、彼女の能力をどう活用できるだろう？　どんな仕事にいちばん長けているだろう？」

もちろん、その女性を本当に採用しようとしたわけではない。ただ、トッドはありえない場所と状況にあっても、つい才能を発掘するスイッチが入ってしまう。とくにこの二週間は、チームメンバーの能力を観察し、彼らの才能を発掘し、それをどう活用できるかばかりを考えていた。だから、こんなときでも才能に目がいってしまったのだ。

あなたもトッドのように才能を発掘したい？　それなら、次の三つのステップを意識しよう。

ⓐ才能を見出す　手はじめに、チームメンバーのなかから8～10人のリストを作る。そして、彼らが自然と無理なくできていることをそれぞれ書き留める。その際は、「エクセルの天才」

といった表面的なスキルではない才能を探すこと。すぐに見つからなくても、あきらめてはいけない。見つかるまでねばり強く「なぜ、この人はあれがうまいのか？」を突きつめてみよう。たとえば、スーザンがエクセルの天才なら、それは彼女がデータのモデリングに優れているからかもしれない。データのモデリングに優れているのは、論理的思考に秀でているからかもしれない。

ⓑ検証する　それぞれの才能についての仮説を立てたら、それを検証し、さらに精度を高めよう。スーザンは本当に論理的思考に秀でているか、同僚に聞いてみよう。スーザン自身にも聞いてみるといい。彼女自身がなにに優れていると思うか、さらに上達したいと思うことはなにかを尋ねてみよう。

ⓒ活用する　天賦の才を見つけたら、その才能を活用し、さらに伸ばせるような仕事を五つリストアップしよう。仮にスーザンが金融アナリストなら、その論理的思考能力を活かせるどんな役割を与えることができるだろう？　戦略的な仕事でもいいし、競合分析マーケティングのチームに入れてもいいかもしれない。正式な分担を超えて、まずは一時的な役割を探してみよう。もしかしたら、スーザンは経営陣への重要なプレゼンテーションの穴や矛盾を見つけるのが得意かもしれない。あるいは、次の海外研究開発センターの候補地を選ぶプロジェクトメンバーに彼女を任命すべきかもしれない。

雑草を抜く――才能がありそうに見えるだけの社員もいる。あるいは、本当に天才的な社員でも、チーム全体の力を損なっていることもある。後者の場合、その人を排除するにはリスクが高すぎるように思うかもしれないが、破壊的な天才が結局高くつくことは、少し計算してみれば簡単にわかる。私たちの研究でも、消耗型リーダーはメンバーの知識と能力の50パーセントしか引き出していないことが明らかになっている。きわめて優秀な社員やリーダーをクビにするのはたしかに簡単ではないが、そこには大きな見返りが待っている。たとえば、11人のチームからひとりの消耗型リーダーを除けば、10人が100パーセントの力を出すようになり、まるまる5人分の働きが戻る。ひとりを失っても5人が戻る。計算上はそうなるのだ。

じつのところ、リーダーはたいていの場合、誰が障害になっているかを知っている。だが、なかなかその人をクビにできないまま時間が経ってしまう。よくある失敗だ。チームの潜在的な才能を開花させたいなら、雑草を見つけ次第、速やかに引き抜かなければならない。しかも堂々と。K・R・シュリダールや前述のCEOのように、直ちにチームメンバーを集めて、足かせになっていた人物を排除したと知らせよう。そして、メンバーに考える自由を与えよう。

ここまでの項目は、才能のマグネットになるための出発点だ。これができれば、あなたは増幅型リーダーへの道を一歩進んだことになる。

遺伝子検査会社アフィメトリクスの前社長で、非凡な増幅型リーダーでもあるスー・シーゲルは、リーダーとしてもっとも心に残った経験についてこう語った。「私にとっての最高の瞬間は、難しい目標を達成したあとや、大きなハードルを超えたあとにきた、チームメンバーからの電話でした。どのメンバーも疲れているはずなのに熱意に満ち、挑戦によって成長していました。彼らにとっても私にとっても、本当にうれしい瞬間でした」。スーのもとで働いたメンバーたちもまた、そのときのことをキャリアのなかの輝かしい瞬間として振り返っていた。

スーのように、才能のマグネットはメンバーの成長と飛躍を促す。推薦状を書き、彼らが輝く次の舞台を探す手助けもする。そして、メンバーがチームを離れるときにはその出発を祝い、全員の前で成功を祈る。

ジャック・ウェルチと妻のスージーはこう書いている。「人気企業になるいちばんのメリットは、優秀な人材が集まり、それが好循環を生むことです。最高のチームは最高の人材を惹きつけ、勝利はさらなる勝利につながります。リーダーにとってもメンバーにとっても、それが最高の循環です」

才能のマグネットが生み出す好循環は、ジェットコースターのようなスピードと興奮に満ちている。チームの収益も、財務責任者が夢に描くような「右肩上がり」になるはずだ。

増幅型リーダーの方程式

「帝国の構築者」から「才能のマグネット」へ

帝国の構築者は優秀な人材を獲得しながら、彼らを囲い込んで自分の利益のためにしか使わず、せっかくの才能を浪費する。

才能のマグネットは最高の人材を手に入れる。チームメンバーは十二分に活用され、成長して、次の舞台に飛躍できるとわかり、多くの人材がここに集ってくる。

才能のマグネットの四つの実践

❶どこにでも人材を探す
- 多様な才能を認識する
- 境界を超える

❷天賦の才を発掘する
- 生まれ持ったものを探す
- 才能を特定し、本人に伝える

❸才能を最大限に活用する
- 人々にチャンスを与える
- スポットライトをあてる

❹障害を取り除く
- 女王様を排除する
- 自分が妨げにならない

才能のマグネットになるために

❶才能の発掘者になる
❷雑草を抜く

意外な発見

❶才能のマグネットと帝国の構築者はどちらも優秀な人材を引き寄せる。両者の違いは、引き入れた人材をどう使うかだ。
❷才能のマグネットは、メンバーにより大きくよりよい機会を与えるが、このチームに入りたい人材はあとを絶たないので、人材が枯渇することはない。

第3章

「解放者」としての技法

永遠に重要でありつづけるただひとつの自由、それは知性の自由、すなわち観察と判断の自由である。
——ジョン・デューイ
(アメリカの哲学者)

マイケル・チャンのキャリアの始まりは、小さなコンサルティング会社だった。チャンはその会社で若き管理職となり、常に自分の意見を強く押し出し、残酷なほど正直さを貫いた。だがそのうち、彼は自分が周囲に有害な影響を与えていることに気づいた。「これでは人が育たない」。自分がすべてを取り仕切り注目を集めるようではいけない、と気づいたのだ。

メンターからも、リーダーの仕事はメンバーを舞台に上げることだよと教えられた。マイケルは次第に、周りの人に目を向けはじめた。以前は自分が割り込んで、メンバーに代わって仕事を片づけていたが、ほとんど口をはさまず自由を与えるようになった。すると、メンバーたちが自発的に進み出るようになった。そればかりか、自分よりもいいものを生み出して驚かせてくれた。

こうしてマイケルは、リーダーとして成長する過程で、率直であっても破壊的ではない存在になる術《すべ》を学んだ。真実を伝えながらメンバーを成長させる環境も作れるようになっていった。

現在、マイケルは成長中のスタートアップ企業のＣＥＯとして活躍している。最高の仕事を生むための環境を生み出す手法を身につけた今、彼は学習意欲の高い人材を採用すると同時に、失敗を許容するよう努めている。そうすれば自ずと、学びやすい雰囲気が生まれるからだ。

そしてもうひとつ、マイケルは自分の意見を言うときに、「ハードな意見」と「ソフトな意見」を区別するようになった。ソフトな意見は「いくつかアイデアを投げるので、自分で考えてほしい」というチームへの合図だ。「ハードな意見」は、強い思い入れがあるときのためにとっておく。

マイケルはキャリアのはじめこそ独裁者への道を歩んでいたが、その後は増幅型リーダーとなり、解放者となることができた。一般に、有能で熱意のあるリーダーは独裁者になりやすい。マイケル自身、「独裁的になるほうが楽だ」と語る。それを考えれば、彼はじつに見事に方向転換を遂げたと言える。

そもそも、現代の企業や組織は、周りに負の影響を与えるような独裁者を作りやすい構造になっている。組織図、階層、肩書、稟議は、いずれもトップに権力を偏らせる一方、メンバーは締め出し、服従させやすくする空気を生んでいる。ピラミッド型の組織では、管理職が上に立ち、そこから下にアイデアや施策が流れていく。秩序をもたらすために作られた制度が、期せずして、頭を使うことを妨げているのだ。社員の思考を拘束し、知性の幅を制限するこうした制度は、最悪の場合、思考を完全に停止させてしまう。

言い換えれば、ピラミッド型の組織は独裁者が統治するにはうってつけだ。その独裁者のもと、管理職は抑圧され、メンバーは頭を使わなくなる。

その例として、ケイトの運命をたどってみよう。知的でやる気に燃え、創造性豊かなチームプレーヤーだった彼女は、管理職に昇進し、前線のマネジャーから副社長になり、ついには大きな組織を統括するまでになった。自分では心が広く、頭の柔らかいリーダーのつもりだった。

しかし、直近の360度評価で、メンバーはそう思っていないことが判明した。ショックだった。評価をよく読むと、自分の強い意見が、メンバーの創造性や能力を妨げているようだった。それに、結果を求めすぎたせいで、メンバーが本当のことを言えなかったり、リスクをとれなくなっていた。「ただ後ろに下がってケイトに考えさせるほうが簡単だ」と答えたメンバーもいた。ケイトは言葉も出なかった。

よく考えてみると、意図していなかったとはいえ、周囲の人たちの考えを葬るはうが出世には好都合だった。力関係はピラミッド型の組織構造によって決まっていて、公平な立場でメンバーと話し合うことはできなくなっていた。そのため、ケイトの何気ないひと言は絶対的な意見と見なされ、それが事業部の指針になることもあった。メンバーのコメントのあとのケイトの表情やため息に全員が気を遣い、自由に発言できない雰囲気を生み出していた。

つまり、ケイトは自分が思うよりもずっと大きな力を持っていた。思いがけず消耗型リーダーになっていたのだ。

私は大学時代に、ミリタリー映画を飽きるほど見まくったが、どの映画にもかならず同じようなシーンがあった。大事件を察知した一兵卒が立ち上がり、指揮官におどおどと言う。「サー、発言の許可をいただけますでしょうか」。私はこの奇妙な習慣が理解できなかった。話すのにどうしていちいち許可が必要なのだろう？　大学生にとっては、自由に考えたり話したりするのが当たり前だった。だが、社会人になって数年もすると、すっかり理解できるようになった。組織の堅苦しい階層は、底辺にいる人々の声を抑え、考えることさえも抑えつける。

あなたは「独裁者」か「解放者」か

増幅型リーダーは、優れた思考と能力が開花するような、緊張感のある環境を作り出す。独裁者はメンバーの思考と能力を抑えるような威圧的な環境を作り出す。

威圧的なリーダーの例

ジェナ・ヒーリーは、大手通信企業で現場サービス業務を担当する統括責任者だった。身長こそ150センチそこそこだが、メンバーにとっては威圧感のあるリーダーで通っていた。経験豊富で頭の切れる管理職。ジェナはいわば絶対君主だった。

彼女の仕事仲間はこう語る。「ジェナは不安をあおるような環境を作っていました。メンバーを威圧し、萎縮させ、いじめては欲しいものを手に入れていたのです。彼女にとってリーダーシップとは、『私になにをしてくれるの？』という意味だったのでしょう」。別のメンバーは「彼女はまるで『プラダを着た悪魔』のミランダみたい」と言った。

ジェナは威圧的だったばかりか、誰にでも当たり散らしていた。なにがそのきっかけになるのか、次の犠牲者が誰なのかはまったく予測がつかなかった。ある人はこう語った。「いつも自分が次の標的になるのではないかと不安でした。彼女のそばにいると、崖っぷちに立たされているような、ビクビクした気持ちになりました」。また、ジェナの同僚はこんな冗談を言った。「〝ジェナの雷雨警報〟が必要だな。嵐を避けないといけないから」

デンバーで行なわれた四半期に一度の経営会議でも、その瞬間は訪れた。その日、彼女は部門横断チームを集めてアメリカ市場の事業状況を見直していた。各部門が「事業状況」を報告し合う、よくある評価会議だ。いくつかの部門のプレゼンテーションに続いて発言したのは、情報テクノロジーチームの責任者ダニエルだった。彼は、自分たちの開発したITツールを現場サービススタッフがどう活用しているかについてデータを見せると、「この数字を見ると、サービスチームがツールを活用しているかどうか疑問なんですが」とジェナに問いかけた。その瞬間、ジェナの顔色が変わった。その表情は、自分のチームが侮辱されたと感じていることを物語っていた。

案の定、彼女はピシャリと言った。「まったくわかってないわね」。そして、全員の前でダニエルを責めはじめた。ふたりの議論は熱くなり、居心地の悪い時間が10分も続いた。やっと誰かが休憩にしようと口をはさむと、全員が待ちかねたように会議室から退出した。だが、ダニエルだけはジェナへの反抗をあらわにして部屋に居残った。みんなが廊下に出たあと、議論はますますエスカレートし、怒鳴り合いに発展した。

会議室のなかは熱くなっていたが、廊下は緊張で静まりかえっていた。全員が、いじめに立ち向かったダニエルに静かな声援を送っていたが、次にプレゼンテーションを行なうグループは恐怖で固まっていた。みんなが緊張していた。すでにプレゼンテーションを終えた幸運なグループは、運の悪い同僚に頑張れと励ました。残りの発表者たちは急いでプレゼンテーションを書き直し、ジェナの怒りに火をつけそうなことをすべて取り除いた。

幸い、全員が無難に自分の発表をこなして会議を終えたが、意味のある発言はなにもなく、成果らしい成果もなかった。

ジェナの部門は、いくらかの改善はあったものの、収益もサービス品質も、常に目標を下まわっていた。そして、ついにある日、パートナーのひとりをやり玉にあげたのが行きすぎだとされ、ジェナはその場で解雇された。その後、別の会社のCOOになったものの、そこも二週間で降格させられ、6カ月後にはクビになっていた。

独裁者はメンバーを脅かして、欲しいもの、つまり最高のアイデアと最高の仕事を得ようとする。だが、威圧と恐怖が素晴らしい仕事を生み出すことはない。

緊張感のあるリーダーの例

もうひとりの例を見てみよう。

ロバート・エンスリンは、世界的なソフトウェア企業SAPの北米社長を務めている。静かで自信に満ちた口調の彼は、南アフリカ出身。組織を育て結果を出すリーダーとして、誰からも尊敬されている。

ロバートは、誰に対しても対等なパートナーのように親しげに接する。彼のもとで働くある管理職はこう言った。「ロバートは相手をリラックスさせるのがすごく上手なんです。それに、いつも私たちを対等に扱ってくれます。彼のほうがはるかに偉いけど、喜んで私たちの意見を聞いてくれるんです」。だから、彼に対しては誰も隠しごとをしなくなる。耳ざわりのいいことだけを伝える必要もない。親しみのある態度のおかげで、ロバートの周りの人たちは安心でき、彼自身も不意うちを食らうことなく巨大組織を率いることができるのだ。

数年前、ロバートがSAPの日本支社を任されたときのことだ。日本の経営陣と最初の業績予測会議を行なった彼は、予測システムがまったく機能していないことに気がついた。だがそのとき、ロバートは失敗と決めつけて上から解決策を命令したりしなかった。代わりに、自分を抑えてこれを学習の機会にした。彼はまず経営陣を助け、現在の業績予測プロセスの限界と、新しい手法の利点を認識させた。次に、日本の事業慣習に照らして、「もう一段上のレベルに持っていくにはどうしたらいいだろう?」と問いかけた。彼ら自身に問題を解決させるためだ。結局、ロバートは彼らと数カ月間この問題に取り組んだ末に、確実に結果につながる業績予測システムを作り上げた。

そんなロバートにとって、過去いちばんの試練だったのは、2008年の世界的経済危機の最中に、北米事業を任されたときだった。当時はコストが削減され、大きな設備投資も棚上げになっていた。企業経営者はパニックになりかけていた。フィラデルフィアにあるSAPの北米本部も、ガラスの扉を開いて役員会議室に一歩足を踏み入れただけで、ひしひしと緊張が感じられた。

ある日、ロバートと新しい経営チームは、この経済環境における販売戦略を策定するために会議を開いた。参加したチームメンバーは全員、ロバートが上級経営陣に会っていたことも、彼に相当のプレッシャーがかかっていることも知っていた。そして全員が、ロバートと痛みを分かち合うつもりでいた。チーム一丸となって危機を乗り切ろう、と。だが、目の前のロバートは落ち着き払っていた。それを見たメンバーは、もしかするとロバートは現状を認識していないのではないか、もしくは経営会議をすっぽかしたのではないかと疑いはじめた。

会議が始まった。開口一番、ロバートは経済環境の厳しさにふれたが、次にはそれを脇におき、自分たちがコントロールできる問題に一同を集中させた。そして、「今現在、どうしたら自分たちを差別化できるだろう?」と全員に問いかけた。これに対して、メンバーは一人ひとり、専門性と支配力のおよぶ範囲でこの波乱を乗り切る方法を提案していった。

すると、議論を終えたロバートが今度はこう尋ねた。「どうすれば、顧客にとっていちばん価値のある製品を提供できるだろう?」。メンバーはふたたび彼の問いと格闘し、さまざまな案を出していった。

当時を振り返った参加者たちは、こう語った。「あのときロバートは、上層部からの強いプレッシャーを感じていたはずですが、不安な様子はまったく見せませんでした。いつもと同じように落ち着いて、決して取り乱すことはありませんでした。彼はメンバーのおしりを叩いて働かせたりしないんです」

落ち着いているといっても、軟弱なのではない。ロバートには、他の成功したエグゼクティブ同様、緊張感と集中力がある。ただ、集中するポイントが違うのだ。別のメンバーはこう言った。「ロバートは自分中心じゃない。常にメンバーに関心を持って、一人ひとりから最高の仕事を引き出すことに集中しているんです」

リーダーが安心感とオープンな環境を作り出せば、危機に発展してもおかしくないチームにも、冷静さと安定が生まれるのだ。

威圧的な環境と緊張感のある環境は大違い

独裁者は威圧的な環境を作り出す。ストレスと不安に満ちた環境だ。一方、ロバートのような解放者が作り出す緊張感のある環境は、集中と勤勉さとエネルギーに満ちている。ここでは、みんなが自分の頭で考え、最高の仕事をする責任を心から感じている。

消耗型リーダーは、メンバーに仕事の権限を委譲しない。独裁者のようにふるまい、服従を求める。メンバーを萎縮させ、後退させ、手足を縛る。彼の前では、誰も目立とうとしない。独裁政治のもとで人々がどうふるまうかを考えればわかる。みな安全なアイデアしか出さず、凡庸な仕事しかしない。そのため、独裁者は優れた思考を引き出せない。

だが、解放者は違う。彼らは人々が進み出るような雰囲気を作る。独裁者はメンバーの尻を叩き、ころころと意見を変えるが、解放者は安定した環境を作り、前に進むための勢いを生み出すのだ。

「解放者」とは?

解放者はいいことが起きる環境を作り出す。知性が引き出され、育ち、それが具体的な成功につながるような環境を生む。学習と成功の好循環を生む環境とは、たとえば次のようなものだ。

- アイデアが生まれやすい
- 全員が素早く学習し、新しい環境に適応する
- みんなが協力して働いている
- 複雑な問題に取り組み、解決できる
- 難しい仕事をやり遂げられる

では、実際にこのような環境を作り出した3人の解放者を紹介しよう。

ケース①投資のプロのチーム作り

アルゼンチン出身のアーネスト・バックラックは、世界的な未公開株式投資会社アドベント・インターナショナルで、ラテン・アメリカ地域におけるマネージング・パートナー兼共同責任者を務めている。ハーバード大学でMBAを取得し、この業界で27年働いてきた。文句のつけようのない専門家だ。しかし、アーネストのいちばんの力の源泉は、彼が作り上げた、チームの才能を開花させる環境にある。

彼のアプローチを、あるメンバーはこう分析する。「アーネストは意識的に環境を作る努力をしています。たとえば、メンバーが意見を言う前に、彼らがすべきことについて非常に高い基準を掲げていますし、アイデアを声に出せるような場も作っています。データも欠かせません。データの裏づけのない発言を、彼は評価しないのです」

アーネストは、チームのなかに学習するしくみも確立した。たとえば、結果が出せていないときは、すぐにフィードバックを与える。彼のフィードバックは率直で、ときには厳しいが、相手が消化してそこから学び、適応できるよう噛み砕いて伝えている。誰かが失敗したときも、パニックになって当たり散らしたりしない。別のメンバーはこう語った。「彼は全員で意思決定し、失敗も全員で共有します。誰かひとりが責められることはありません」。チームで失敗を振り返り、同じ轍《てつ》を踏まない方法を学ぶのだ。

彼がラテンアメリカの統括責任者に昇進した要因のひとつは、ここにある。

ケース②スピルバーグのやり方

映画監督のスティーブン・スピルバーグを知らない人はいないだろう。では、彼の映画はなぜ、一本平均1億5600万ドルの収入をあげるほど人気があるのかを知っている人は？　それは彼の天才的な創造性とストーリーテリングの力のおかげだ、と言う人もいる。勤勉さのおかげだという人もいる。しかし、決定的な要因は、彼が他の監督よりも現場クルーから力を引き出しているからだ。実際、スピルバーグの映画に関わったスタッフはみな、「彼の周りにいると最高の仕事ができる」と口をそろえる。

では、スピルバーグはなぜ、人々から最高の能力を引き出せるのか？　理由のひとつは、一人ひとりがなにをできるかを彼がよく知っているからだ。スピルバーグはスタッフの仕事にいちいち口をはさまない。代わりに、どのスタッフにも、君の実力を素晴らしいと思うからこそ雇ったのだと伝える。そして、最高の成果を求めるのだ。

たとえばアイデアについてスピルバーグは、最初はダメなものでもかまわないと宣言している。「いいアイデアはすべて、最初はどうしようもないものだ。だからこそ、映画づくりにこれほど長い時間がかかるんだ」。彼は、開放的でクリエイティブな環境を作り上げ、チームの一人ひとりに非凡な仕事を要求する。スタッフのひとりはこう言った。「彼は全員が最高の仕事をすることを期待します。私たちも、最高の力を出したかどうかは自分でわかるものです」

スピルバーグがあれほど生産性が高い理由はここにある。なにしろ、独裁的な映画監督のもとにいるよりも、クルーが二倍も生産的なのだ。彼はスタッフが最高の仕事をできる環境を作る。だから、俳優もスタッフも繰り返しスピルバーグと仕事をしたがる。その結果、スピルバーグはたいていふたつの作品をかけもちし、ひとつの作品が終わったら、スタッフがそのまま次の作品に移ることが多い。

スピルバーグが作り出す環境によって、彼自身はスタッフから最高の仕事を引き出し、生産性を二倍に高める。一方、スタッフは名監督と一緒に、映画賞に輝くような作品をつくる機会に恵まれるというわけだ。

ケース③ 達人の授業

あなたがこれまでに出会った、もっとも尊敬する教師は誰だろう。ここで、ひと息ついて、心のなかにひとりかふたり思い浮かべてほしい。その人はどんな学習環境を作っていただろう？ その先生のもとで、あなたはどのくらいの力と自由を与えられていただろう？ そして、どのような成果を期待されただろう？ どのくらい才能を伸ばしてもらい、能力を活かしてもらっただろう？ その結果、どんな成果をあげることができただろう？

私はケリー先生が受け持つ中学生十数人に、以上のような質問をしてみた。

パトリック・ケリーは、カリフォルニアの有名公立中学で、米国史と社会を教えている。私がこの先生に関心を持ったのは、彼が中学の卒業式で、毎年卒業生からやんやの喝采と感謝の言葉を送られていたからだ。ケリー先生は、他の先生をすべて合わせたよりも多くの感謝の言葉をもらっていた。彼はこの学校でもっとも愛され、もっとも話題にされる先生だった。

だが、いちばん最初に先生に注目したきっかけは、娘の中学の授業参観だった。私は四児の母なので、いくつもの授業を同時に参観しなければならなかった。あるとき、中学生だった娘が私にこう言った。「これが授業のスケジュール。いろいろ見てほしいけど、ケリー先生の社会科の授業は絶対に来て。遅刻厳禁だから。あと、先生が話している間は私語禁止。携帯電話も切って。絶対に遅れちゃだめよ。わかった?」。そして当日。本当は怖いもの見たさで参観したのだが、その授業を10分ばかり聞いただけで、仕事を辞めてアメリカの歴史を学びたくなるほど夢中になった。

この先生はなぜ、これほどまでに聞く者を魅了できるのだろう?

まず第一に、教室の雰囲気が違った。ケリー先生は生徒たちに、努力し、考え、学ぶためにここにいるということをはっきり示していた。ある生徒はこう言った。「ケリー先生は絶対に怠けさせてくれないの。だから私たちはいつも努力し、考え、失敗から学ぶんです」。あくまでも真剣かつプロフェッショナルな授業なのだ。

とはいえ、生徒が努力すればするほど、教室は明るく楽しくなる。積極的に発言して意見を出そう、いい質問をしよう、それに答えようという空気が生まれるのだ。

第二に、ケリー先生は生徒に、具体的で非常に高い期待を寄せていた。ある生徒はこう語った。「高い期待は高い成果につながると先生は信じてます。僕たちに最高を求めるんです。先生は、精一杯努力すればきっと成功するって教えてくれました」。また別の生徒はこう言った。「先生は僕たちになにも隠しません。どこを改善すべきかを率直に教えてくれます。いつも力を出し切るよう、背中を押してくれるんです」。力を出し切る——それ以上でも以下でもない。

第三に、ケリー先生は宿題を出さない。上から押しつけることはしないのだ。代わりに生徒たちは、理解を深め、試験でいい点を取るように「自主研究」を奨励される。誰しも自分で決めたことは熱心に取り組むものだ。

もちろん、なかにはこの先生が嫌いな生徒もいる。厳しすぎるし、要求が高すぎる。他の先生に比べても期待が高すぎるからだ。楽な道を選びたい生徒には、先生の授業は居心地が悪いだろう。だが、それ以外の生徒は、ケリー先生の知識と熱心さに引き込まれ、彼のもとで成長する。先生の情熱が生徒にも移り、市民権やアメリカ憲法、そして政治における法律の役割に、強い関心を持つようになる。

パトリック・ケリーは、間違いなく増幅型リーダーだ。彼の生徒の98パーセントが標準テストで「合格」か「優秀」の成績をとっているのも当然だろう。ちなみに、3年前にはその割合は82パーセントだった。

「居心地のよさ」と「プレッシャー」を共存させる

ケリー先生の授業でも、アーネスト・バックラックの会社でも、スティーブン・スピルバーグの製作現場でも、そこには解放者に特有のふたつの要素が同時に存在していた。そのふたつとは、居心地のよさとプレッシャーだ。解放者はメンバーと「取引」をしている。素晴らしい環境を与え、その見返りに最高の仕事を受け取るのだ。

解放者はまた、失敗を許容する。そのことでメンバーに学ぶチャンスを与え、さらなる成長を期待するわけだが、これも一種の取引だ。失敗を許すのと引き換えに、間違いを繰り返さない義務を課している。

このように、解放者の力は二面性で成り立っている。ただ自由に考えさせるだけでは十分ではない。同時に最高の思考と最高の仕事を要求する、緊張感ある環境を作り出すことが肝心だ。電気とガソリンをスムーズに切り替えるハイブリッド自動車のように。ただし、プレッシャーを感じさせても、ストレスを与えてはならない。

以上をふまえて、次に、解放者が日々実践していることを見ていこう。

解放者の三つの実践

私たちが調査した増幅型リーダーには、三つの共通点があった。彼らは、①居場所を作り、②最高の仕事を求め、③素早い学習のサイクルを生み出している。以下、ひとつずつ説明しよう。

①居場所を作る

人間には居場所が、つまり自分が貢献できる場所が必要だ。解放者は、メンバーが貢献できる場所を意図して作り出している。その方法は次のとおりだ。

メンバーを前面に押し出す

メンバーが貢献できる場所を作ることは重要だが、それだけではまだ足りない。ポイントは、その場所を維持し、リーダー自身が、そこに飛び込んで活躍したいという誘惑に勝つことだ。そうすれば、大きな勝利を手にできる。メンバーがリーダーに従うことに慣れてしまっているピラミッド型の組織では、とくに重要だ。
オラクルの元社長で、現在はベンチャーキャピタルのクライナー・パーキンス・コーフィールド・バイヤーズでマネージング・パートナーを務めるレイ・レーンは、自分を抑える達人だ。彼の投資先のあるCEOはこう評している。「レイは、リーダーが自分を抑えることの大切さをよく知っている。自分を抑えれば抑えるほど、発言に重みが出るとわかっているんだ」

レイが見込み客を訪問して経営陣に会うときに、確かなことがふたつある。ひとつは、クライアントがかならずレイの豊富な経験について聞きたがるということ。もうひとつは、レイがかならず準備万端だということだ。それでもなお、彼は自分を前面に出さない。挨拶を交わしたあとは、営業チームに話をさせる。会話のなかでレイの意見が必要になっても、まだ待つ。営業チームも、レイのほうが自分たちよりはるかに話し上手だと知っているが、自分たちの力で仕事を進める。

チームがすべて話し終えると、そこで初めてレイが会話に入ってくる。それでもまだ考えのすべてを述べるわけではない。ひとり言のように話す程度だ。彼は、話すよりも注意深く周囲に耳を傾け、なにを付け加えたらいいかを正確に察知していく。そうやって出される意見は、ほんのひと言ふた言でも相手の心に深く刻まれることになる。

レイの長年の仕事仲間は語る。「彼は重要な会議でも、黙ったままでいることが多い。みんなの意見を聞いているんだ。でも、彼が口を開くと、みんなが一斉に耳を傾けるよ」

彼は自分や自分のアイデアを押しつけず、他者の居場所を作ることを優先する。自分の存在がチームにもっとも役に立つところでだけ前に出る。それでもレイは切れ者の戦略家として知られ、実業界でもっとも説得力のある話し手のひとりと見なされている。

「話す」よりも「聞く」

解放者は聞き上手だ。彼らは熱心に周囲の言葉に耳を傾ける。貪欲に知識を求める。そして、相手の知識から学び、それを自分の知識の貯蔵庫に蓄える。C・K・プラハラードは、かつてこう言った。「その人の頭の良さは、他者の知性をどれほどよく理解できるかで決まる」。解放者はまさに、他者の知識を学び、理解しようと務め、熱心に耳を傾ける。

たとえば、アップルの営業責任者のひとりジョン・ブランドン。彼は世界の三地域で、毎年120億ドル以上の売上を誇る部門を統括している。活発なリーダーで、年中出張と会議をこなしているせいで、なかなか時間はとれないが、直属のメンバーとの一対一のミーティングでは、いつも100パーセントの力を注いでいる。

ジョンは、問題の本質にズバリと迫るような質問をする。あるメンバー曰く「ジョンはただ聞いているだけではありません。ものすごく深く聞いているんです」。ジョンはたいてい、聞いて質問するのに八割の時間を割く。話を聞き、尋ね、そして確かめる――事業の現状を把握し、チームが直面するチャンスと問題を理解するためのやり方だ。その洞察によって、チームは過去5

年間に三・七五倍の成長を遂げた。ジョンは話し上手だが、それ以上に、いつ耳を傾けるべきかを知っている。

解放者が聞くことに費やす時間は、全体の半分どころではない。ほとんどの時間を聞くことに使っているといっていい。そうすることで、全員が知識を分け与える場を作っているのだ。

一貫した行動をとる

なわとびのダブルダッチの大会に出場しているチームを想像してほしい。縄の動きは、なめらかでリズミカル。勝敗のカギを握るのは、両端に立つ縄のまわし手だ。2本の縄を反対方向に高速でまわしているこのふたりには、明確で重要な役割がある。それは、縄の軌道と速さを一定に保つこと。それが安定していれば、跳び手は安心して縄のなかに飛び込める。反対に、回転が乱れたり一定でなかったりすれば、跳び手は中に飛び込めないか、足に縄をひっかけてしまう。

これと同じように、リーダーに一貫性があれば、メンバーはそこに飛び込んで貢献できる。

一貫性のある行動は、解放者のもっとも重要な習慣のひとつだ。私たちの取材でも、増幅型リーダーの一貫性のある行動がメンバーの力を引き出した例を繰り返し耳にした。たとえばジョン・ブランドンは、「温和で、一貫性があり、自信に満ち、リラックスしていて、相手の守りをほどく」ような人物だと評されていたし、ピープルソフトの元CEOクレイグ・コンウェイは、「どんな状況でも感情的にならなかった。なにより一貫したプロフェッショナルだった」と言われていた。

一貫したリーダーの行動には、ふたつの効果がある。第一に、行動が予測しやすくなる。おかげでメンバーは、自分の順番がいつなのか、どこで貢献できるのかがわかる。第二に、安心感を生む。リーダーがなにをするかがわかると、精神が安定し、居心地がよくなる。居心地がよければ誰もが入りやすいし、仕事に集中して実力を出し切ることもできる。

ロバート・エンスリンの一貫したリーダーシップが、チームを落ち着かせたことを思い出してほしい。彼はチームにストレスを持ち込むのではなく、逆にそれを抑えた。また、一貫性は透明性にもつながるから、メンバーは問題の核心に目を向けることもできる。ロバートのチームにとって問題の核心とは、ＳＡＰの顧客に、会社に収益をもたらすような価値を提供することだった。

チャンスを平等に与える

伝統的な組織では、闘いの場は平等でない。そこでは特定の人――経営陣、影響力のある思想家、製品開発や営業といった重要部門、そして古参者の意見が通りやすい。現場に近い人たちの意見はかき消されがちだ。しかし解放者は、そうした声も拾い上げ、そこから最大限の能力を引き出し、不利な場所にいる彼らのアイデアや意見をあと押しする。

ニック・ライリーもそのひとりだ。彼はＧＭ大宇自動車（ＧＭＤＡＴ）の初代社長兼ＣＥＯに就任し、アメリカの自動車メーカーと伝統的な韓国企業をひとつにまとめたが、そのとき、闘いの場を平等にすることも忘れなかった。経営陣に、4人の韓国人、3人のヨーロッパ人、4人のアメリカ人を任命したのだ。ライリー自身はイギリス人で、GM出身者が支配権を握ることになると予想されていたが、彼はこの会社を成功させるためには、大宇出身者の能力と知識を引き出すことが不可欠だと確信していた。

ライリーは一貫して、増幅型リーダーとしてふるまった。たとえば、50代であまり英語の得意でない韓国側のメンバーからも貢献を引き出すため、経営陣の会議にはすべて、韓国語の同時通訳をつけた。また、あらゆる機会に韓国と大宇の伝統に敬意を示した。韓国チームに大宇文化のどの側面を残すべきかも尋ね、それを守った。さらには、韓国人社員とそれ以外の社員とがペアを組んでともに働き、お互いから学べるような学習チームも作った。結局そのチームが、この組織の新しい使命とビジョンと価値観を作り、浸透させていった。

ライリーのリーダーシップのおかげで、なわばり意識は影をひそめた。そして、清算の瀬戸際にあったこの会社は、GMの主要な収益源へと変貌を遂げた。小型車のデザインと開発における世界的な中継拠点になり、ここで開発した小型車が他のGM工場でも組み立てられ、世界150カ国で販売されるようになったのだ（1年間で3000パーセントの売上台数の増加を記録した）。ある上級管理職はこう語った。「ニックのリーダーシップが、私たち全員に高い志を与えてくれたのです」

そんなGMDATにとっても今日の事業環境は厳しく、ここ最近では赤字を計上している。にもかかわらず、２００９年10月、ＧＭは持ち株比率を70・1パーセントまで上げ、この韓国の合弁企業への信頼を示した。ライリーは２００９年10月にソウルの名誉市民となり、現在はＧＭの国際業務を統括している。

②最高の仕事を求める

リチャード・ニクソン政権下で国務長官を務めたヘンリー・キッシンジャーは、メンバーから最高の仕事を引き出す達人だった。

彼の主席補佐官が、外交政策について書いたレポートをキッシンジャーに手渡したときのことだ。キッシンジャーはレポートを受け取ると、こう尋ねた。「これは君の最高の仕事かね？」。首席補佐官は一瞬考え、これではキッシンジャーは満足しないと判断した。そこで、こう返事をした。「長官、もっといいものができるかと思います」。キッシンジャーはレポートをつき返した。

二週間後、主席補佐官は書き直したレポートを提出した。キッシンジャーはそれを一週間手元に置いたあと、こうコメントを書いて送り返した。「本当にこれが君の最高の仕事かね？」。なにかが足りないと気づいた首席補佐官は、またレポートを書き直した。そして、キッシンジャーに手渡すとき、今度はこう言った。「長官、これが私の最高のレポートです」。それを聞いたキッシンジャーは答えた。「それなら読もう」

では、解放者がどのようにして最高の仕事を求めるかを、具体的に挙げていこう。

高い基準を守る

第2章で紹介した、ハイランド高校のラグビー部総監督、ラリー・ゲルウィックスは、シーズンの第一戦目が終わり、フィールド脇の円陣の中心に立つと、選手たちにこう聞いた。「ベストを尽くしたか?」

これに対して、ある選手が熱を込めて答えた。「勝ったじゃないですか!」。しかし、ラリーは静かに言った。「答えになってない」。別の選手が口をはさんだ。「圧倒的勝利でした。64対20ですよ。これ以上は望めない」。するとラリーが言った。「入団テストで、私はベストを尽くせと言った。精神的にも肉体的にもだ。今日はどうだった?」

別の選手は、トンガで試合をしたとき、ラリーの問いに「はい、尽くしました」と答えた。「敵の激しいタックルのあと、肩の激痛に襲われました。そのとき僕は、チームには申し訳ないけど、もうプレーできないと思いました。腕を上げることができず、その痛みにとても我慢できなかったんです。でも次の瞬間、僕はふと、ハカ(マオリ族の伝統的な闘いの歌)を頭のなかで口ずさんでいました。ヤシの木の間に陽が沈むのが見えたのを憶えています。その瞬間、試合が止まったように感じて、『僕は選ぶことができる』と思ったんです。自分のなかの声が、このまま試合を続けて、自分のため、自分らしくあるため、そしてなによりチームのため、兄弟のためにベストを尽くせと語りかけてきました。練習や試合のたびに、監督が幾度となく『これがベストか?』と問いかけてきた積み重ねが、その声になったのだと思います。結局、僕はトライをふたつ決め、トンガで得点を入れた初めてのアメリカ人高校生になりました」

リーダーは、メンバーが実力を出していなければ気づくものだ。だが、持てる力をすべて出し切っているかどうかはなかなかわからない。これに対して増幅型リーダーは、ベストを尽くしているかと聞きつづけることで、メンバーに限界を超える機会を与えている。メンバーから100パーセント以上の力を引き出せる理由は、ここにある。

「結果」よりも「最高の仕事」を求める

最高の仕事を求めることと、結果にこだわることとは違う。人は、コントロールのおよばない結果を期待されるとストレスになるが、自分のベストを求められれば、前向きなプレッシャーになる。

ブルーム・エナジーのK・R・シュリダールCEOは、世界的な環境エネルギーのイノベーターであり、有名な科学者でもある。その彼が、仕事を通じてふたつの違いをはっきり知るようになったという。「リスクをとれる会社にしたければ、実験と結果を分けなければならない。私は実験しない人間には容赦しない。だが、結果への責任は問わないよ。私が問うのは、実行する責任だ」。これこそ、ブルーム・エナジーが複雑な技術の分野に革新をもたらしている秘訣だ。

シュリダールは、プレッシャーとストレスの違いを説明するのに、ウィリアム・テルの逸話を持ち出した。「息子の頭上に置いたリンゴを射抜く瞬間、ウィリアム・テルが感じたのがプレッシャー、息子が感じたのがストレスだよ」

③素早い学びのサイクルを生み出す

私は増幅型リーダーを研究するなかで、「増幅型リーダーになるには、どのくらい頭の良さが必要なのだろう?」と何度も自問した。これに完璧な答えをくれたのは、インテュイットの会長で元CEOのビル・キャンベルだ。彼は言った。「学べる頭があればいい」

失敗を認め、共有する

二〇〇三年、ルッツ・ジオブがマイクロソフトの教育事業の統括責任者になったとき、売上と顧客獲得の目標を達成することは到底不可能に思えた。市場に追いつくには創意工夫とリスクテイクが必要だったが、改善を急げば職場のストレスが増大しそうだった。典型的な経営のジレンマだ。

結局、ルッツはどちらを選んだか? どちらも選ばなかった。その代わりに、プレッシャーと学びが並び立つ環境を作った。成果を上げることへのプレッシャーはゆるめなかったが、失敗への向き合い方を身をもって示すことで、失敗を許容する空気を作り出し、メンバーがリスクをとれるようにしたのだ。要するに、失敗から学ぶ文化を作り出したわけだ。

実際、彼は自分の失敗をすべてさらけ出した。ふだんからよく過去の経験を語って聞かせたが、なかでも失敗談がいちばん多かった。隠さず、あいまいにもせず、どんどんメンバーに打ち明けた。自分の立ち上げた新製品が失敗したときも、包み隠さず、そこから学んだことを語った。経営チームのひとりはこう言った。「彼は、なぜうまくいかなかったかを知的に解明しようとする」

ルッツはこのやり方で、メンバーにもリスクをとるよう奨励することに成功した。

失敗から学びつづける

ルッツのもとで学んだひとりに、販売マーケティング部長を務めるクリス・ピリエがいる。彼は、マイクロソフト・ラーニングの販売責任者だったとき、リスクの高い販促策を試して失敗した経験がある。だがそのとき、クリスは失敗を正当化したりせず、ルッツの前で間違いを認め、原因を分析した。そして、違う方法でふたたびチャレンジした。クリスは言う。「ルッツのもとでは失敗できる。素早く学ぶことは求められますが、失敗はしてもいい。同じ間違いをおかしさえしなければいいんです」

ルッツはまた、フィードバックを受け入れるだけでなく、とことん求める。直属のメンバーのひとりは、あるときルッツに厳しい意見をした。重要なプロジェクトに関わり、その可能性に興奮していたルッツが、議論を独占し、ひとりで話していたからだ。そのメンバーはルッツに個別面談を求め、ルッツの部屋で意見した。「あなたはひとりでしゃべっていますよ。みんなに口をはさむ隙も与えずに。少し控えたほうがいいと思います」

もし、メンバーからしゃべりすぎだと諭されたら、あなたはどう答えるだろう？　ルッツの場合はこうだった。「私はどんな様子だった？　とばっちりを受けたのは誰だ？　どうしたらまたやらかさずにすむだろう？」。時間をかけて自分の失敗を理解したルッツは、最後にこう言った。「もしまた同じ過ちをおかしてしまったら、教えてくれるかい？」。そして、こう付け加えた。「もっと早く教えてくれればよかったのに」。それがルッツの本心だった。

彼は万事このようにして、素早い学習のサイクルを生み出し、望ましい環境を作り上げていった。クリス・ピリエが言うように、「ルッツはいいことが起きる環境を作った」のだ。厳しい外部圧力のある時期でさえ、彼はメンバーから最高のアイデアと仕事を引き出す雰囲気を生み、クリエイティブな緊張感を維持した。

失敗を予期しているという点では、独裁者も解放者と変わりない。だが、独裁者が失敗した人を叩こうと待ちかまえているのに対して、解放者はできるかぎり失敗から学ぼうと待ちかまえている。学びがなければ最高のアイデアは生まれない。失敗がなければ学びもない。

解放者は考え、学習し、失敗をおかしてそこから回復する素早いサイクルを作り上げ、メンバーから最高の思考を引き出す。そして、このサイクルを早まわしする。K・R・シュリダールは言った。「私たちはこれを何度も素早く繰り返して、学習のサイクルを短縮している。早まわしのカギ？　それは、みんなが心から進んでリスクをとり、失敗に対応できる環境を作れるかどうかにつきるだろうね」。また、プロクター・アンド・ギャンブル（P&G）の元CEO、A・G・ラフリーはこう語った。「早い時点で、さっさと、安上がりに失敗することが望ましい。そして、そこから学ぶことです」

消耗型リーダーには、このようなサイクルは生み出せない。

消耗型リーダーは環境作りができない

消耗型リーダーは、居心地のよさと前向きのプレッシャーを両立させるような環境を作れない。彼らは一方で、なにがなんでも自分のアイデアに従わせ、他方ではメンバーのアイデアや仕事にほとんど関心を示さない。その状態を行ったり来たりしながら、組織を強制的に引っぱっていくのだ。

ティモシー・ウィルソンは、受賞歴もあるハリウッド映画のセット専門家だ。彼とそのチームは、大成功した大作映画の背景やセットをいくつも手がけてきた。ティモシーは間違いなく天才クリエーターだ。だが、その代償も大きい。彼とは誰も二度と働きたがらないからだ。スタッフのひとりはこう言った。「彼とじゃなかったら、どんな仕事でも引き受けるよ」。ティモシーと働くということは、なんの楽しみもなく恐怖とストレスのなかで仕事をすることを意味する。ほかのスタッフたちも、「毎朝、仕事に行きたくない」と口をそろえる。

ティモシーがセットに足を踏み入れると、その瞬間、現場の雰囲気は一変する。全員が彼の批判に備えて身がまえるからだ。スタッフのジェレミーも、二日がかりで作った小道具の間をティモシーが歩きまわるのを見て、気が気ではなかった。どんな侮辱を受けるのだろう。それとも、めずらしく褒めてくれるだろうか？　残念ながら、淡い期待は砕け散った。小道具を見終えたティモシーは、いつものように全員に聞こえる大声で彼女の仕事を馬鹿にした。「B級映画の小道具みたいだな」

彼はなんにでも当たり散らした。セットがきちんと整理されていないときも、怒り狂った。あるときは撮影監督と言い合いになり、トランシーバーを相手に投げつけた。それでなくても緊張感のある撮影現場は、さらに張りつめた。

最高のアイデアと仕事を引き出す環境を作る代わりに、ティモシーは現場を支配し、不安をあおる。スタッフのアイデアと生産性をつぶすような批判をすることで、全員が萎縮する環境を作り出している。

場を支配する――独裁者は、部屋のなかに充満するガスのような存在だ。彼らは会議を独占し、常に場を支配する。自分以外の誰にも居場所を与えず、人々の知性を抹殺する。強い意見を打ち出し、自分のアイデアを表明し、支配力を維持しようと試みることで、メンバーの居場所を奪う。

ある消費財メーカーの最高マーケティング責任者、ガース・ヤマモトも、その場の空気をすべて奪い取ってしまうリーダーだ。いつもメンバーのプレゼンテーションに口をはさんで中断し、極端な意見を言い、重箱の隅をつつくことに時間を費やす。そうでないときは、まったく上の空。そのどちらかだ。彼のチームの新人は、先輩からこんな忠告を受けた。「ガースをかわすのが、ここでうまくやっていく秘訣だよ」。また、メンバーのひとりはこう言った。「自分の頭がダメになっていく気がする。能力の半分も出せていないから」。そのメンバーはのちにこの会社を辞め、今は別の会社で成功している。

不安を生み出す――独裁者の十八番《おはこ》は、突然怒りを爆発させ、予測できない行動をとることだ。なにがきっかけになるかはわからない。とにかく気分がコロコロと変わる。それは、独裁者が課す「不安税」と言ってもいい。周囲の人は、いつも独裁者を怒らせないように気を遣うことにエネルギーの一部を吸い取られてしまうからだ。ティモシー・ウィルソンといると、現場の生産性が奪われるのと同じだ。ティモシーのもとで働くスタッフたちは、「A級映画のセット」に

「独裁者」と「解放者」はどう違うか

独裁者		解放者	
行動	結果	行動	結果
●人々のアイデアと能力を抑制するような、威圧感のある環境を作る	●メンバーは自分を抑え、力を入れているふりをする ●リーダーがいつも賛成しているような安全なアイデアしか出ない ●メンバーは慎重に働き、リスクをとらず、失敗への言い訳を探す	●最高のアイデアと仕事が必要とされるような、緊張感のある環境を作る	●メンバーは最高のアイデアを提供し、実力を出し切る ●大胆で最良のアイデアが生まれる ●メンバーは最善を尽くし、自発的な努力を惜しまず、どんな失敗からも迅速に学ぶ

注ぐべき全エネルギーを、ティモシーが次に何を言うか、何をするか、はたまた何を投げつけるかを心配することに費やしている。

独断する——独裁者は権力を独占し、裁判官と陪審員と処刑者の三役を受け持つ。解放者が素早い学習サイクルを生み出すのとは対照的に、批判と独断と後退のサイクルを作り出す。『プラダを着た悪魔』のミランダのようだと言われた通信会社の営業主任、ジェナ・ヒーリーを思い出してほしい。彼女にプレゼンテーションをするとき、メンバーはかならず気を遣ってあれこれと手直しをしていた。それと同じように、独裁者の支配下にあるメンバーは、自分のアイデアが批判されたり標的になったりしないよう、安全な場所に閉じこもるようになる。自分を抑え、慎重に仕事をこなし、独裁者が賛成しそうな安全なアイデアだけを出す。

「出る杭は打たれる」からだ。

組織にとって消耗型リーダーが高くつく理由はここにある。消耗型リーダーのはびこる会社では、人材に100パーセントの給料を支払いながら、50パーセントの力しか受け取ることができていない。

「自発性」がカギになる

解放者の行動の根底には、「最高のアイデアは自発的に生まれるもので、強制からは生まれない」という前提がある。強制でも一定の生産性やアウトプットを求めることはできるが、本当にすべての力が出るのは、それが自発的な場合だけだと、彼らは確信している。

こうした考え方は、リーダーの役割を根底から変える。解放者は、最高の仕事を求めるために、メンバーが自発的に最高の思考と仕事を生み出す環境を作るようになる。また、私たちの研究では、メンバーの能力を引き出し、その力を急速に育てる増幅型リーダーは、平均して5〜10パーセントの追加ボーナスを受け取っている。

ではここで、解放者になるための道のりをまとめておこう。

解放者になるために

組織においてもっとも抵抗の少ない道は、消耗型リーダーへの道だ。マイケルが言ったように、「誰でもその機会さえあれば、独裁的になりがち」なのもそのせいだ。解放者になるには長期的な努力が必要になる。それでも後者の道にこそ輝かしい未来がある。まずは一歩を踏み出そう。

はじめの一歩

①チップを上手に使う——メンバーに大いに貢献してもらいたいなら、ポーカーのチップが役に立つ。あなたが議論を支配しがちな性格なら、とくにお勧めだ。

マシューは賢く弁の立つリーダーだが、部門横断チームで自分の意見が通らないので、イライラすることが多い。それ以前に、なかなか自分の意見を聞いてもらえず苦労している。彼には素晴らしいアイデアがあるが、チームミーティングでしゃべりすぎ、時間を取りすぎてしまうのが原因だった。

私は以前、マシューの事業部が開催する大がかりなリーダーシップフォーラムの準備を手伝ったことがある。そのとき、事業を一段上のレベルに上げる戦略を発表するチャンスだと、その日を心待ちにしていた彼に、ある挑戦を課した。

私は彼に5枚のポーカーチップを渡した。それぞれのチップによって、話す秒数が決められている。1枚のチップは120秒、次の3枚は90秒、最後の1枚は30秒だ。そのフォーラムで彼が話せるのはチップの枚数と同じ、5回だけとする。チップを使うタイミングは自由だが、使えるのはその5枚きりだ。説明を受けた彼はショックを受け、困惑していた（自分のアイデアを5回のコメントで伝え切るなど不可能だと思ったのだ）。だが、やってみることにした。

当日、マシューは注意深く自分を抑え、いちばん重要なことだけを慎重に選び、コメントをはさむのに最適な瞬間を探した。結局、彼はポーカーチップを巧みに使い、ふたつの重要な成果をあげた。第一に、メンバーに発言の機会を十分に与えた。そのおかげで、マシューひとりの戦略会議にならず、みんなの多様なアイデアを反映させ、共創するフォーラムになった。第二に、リーダーとしての信頼度と存在感を高めた。自分を抑えるリーダーシップを発揮したマシューを見て、どのメンバーも、これまでより彼の意見に耳を傾けるようになった。また、メンバー同士でも耳を傾け合うようになった。

あなたも、会議でこのチップを活用してはどうだろう。5枚でもいいし、1、2枚でもいい。それを賢く使って、残りの時間は周りの人々が貢献するチャンスを与えよう。

②意見を区別して伝える——ピラミッド型の組織では、リーダーの意見や考えを重く見る。

ある大企業の社長は、就任した最初の週、さまざまな部署から次々に人がやってきて、積もり積もった質問を投げかけられた。着任したばかりの彼は、なるべく力になろうと気さくに自分の考えを伝えたが、驚いたことに、数週間後には彼のその言葉が一連の企業政策になっていた。それ以来、この社長は誤解を解きつつ、自分の意見を、何気ない言葉、意見、政策決定の三つに注意深く区別するようになった。

マイケル・チャンが、解放者に変わるために自分の意見を、「ソフトな意見」と「ハードな意見」に分けたことは前述したとおりだが、これも試す価値があるだろう。

- ソフトな意見＝考えてほしい考え方やアイデア
- ハードな意見＝明確で断固とした意見

このように分けることで、ソフトな意見にはメンバーが気兼ねなく反対でき、自分たちの考えを確立していく雰囲気を作ることができる。とはいえ、ときには「ハードな意見」を述べるのも大切だ。

③自分の失敗を語る——実験と学習を促すいちばんの早道は、あなた自身の失敗談を語ることだ。リーダーのあなたが失敗を認めることで、メンバーに失敗の許可を与え、そこから学び、誇りを取り戻し、能力を向上させることができる。

偉大な両親は、子どもにそのように接する。両親もまた人間で、自分と同じように間違いをおかすのだとわかると、子どもは解放される。また、両親も失敗から学び、立ち直ったのだとわかると、子どもはとても満足する。

失敗談を語るときは、次のふたつを試してみよう。

個人的な経験を語る　メンバーに、あなたの失敗とそこから学んだことを伝えよう。そして、その学びをどのようにリーダーシップに活かしてきたかを教えよう。たとえば、コンサルティング会社の管理職なら、自分が率いたプロジェクトが失敗し、怒り狂ったクライアントにどう対応したかを伝えてもいい。その経験から学んだことや、そこから現在のプロジェクト管理の手法をどう作り上げたかを話すのだ。

みんなの前で語る　失敗談は、密室や一対一の場で語るよりも、公の場に持ち出して、同じように失敗した人を励ましたり、誰もがそこから学べるようにしたほうがはるかに効果がある。それをあなたの習慣にしよう。私は企業管理職時代、過剰なほどにこれを実践し、スタッフミーティングでは定期的に「今週の大失敗」を発表した。私も含めて、経営チームのメンバーの誰かが恥ずかしい大失敗をすると、ここぞとばかりにみんなの前で披露し、笑い飛ばし、次に進んだものだ。単純なことだが、これが「失敗は進歩に欠かせない」というチームへのメッセージになる。

どちらもちょっとした出発点だが、長期間やりつづければ、組織のなかの隠れた能力を解き放つ大きな原動力になるだろう。

1831年1月1日、奴隷解放運動家のウィリアム・ロイド・ガリソンは、「解放者《ザ・リベレーター》」と名づけた新聞を発行した。以来、35年間で1820号を発行したが、ガリソンは一貫して、奴隷制度反対とアフリカ系アメリカ人の権利を熱く声高に訴えつづけた。創刊号ではこう書いた。「私は中立の立場で考えるつもりも、話すつもりも、書くつもりもない。私は熱血漢だ。日和《ひよ》らず、言い訳をせず、1ミリも引き下がらない。自分の意見を伝えつづける」

ガリソンの熱意は、増幅型リーダーの核心をとらえている。増幅型リーダーは社会活動家ではないが、彼と同じように人々の知性を刺激する。彼らは独裁者ではない。が、人々を解放する点においては少々強引なところもある。増幅型リーダーは、ピラミッド型組織の圧力や独裁的なリーダーの支配に屈することなく、そこから人々を解き放つのだ。

増幅型リーダーの方程式

「独裁者」から「解放者」へ

独裁者は人々のアイデアや能力を抑え込むような、威圧的な環境を作り出す。その結果、メンバーは自分を抑え、リーダーが賛成するような安全なアイデアばかり出し、萎縮しながら働くようになる。
解放者は人々の最高のアイデアと仕事を引き出すような、緊張感のある環境を作り出す。その結果、メンバーはもっとも大胆で素晴らしいアイデアを提案し、最善の努力を注ぐようになる。

解放者の三つの実践

❶居場所を作る
- メンバーを前面に押し出す
- 「話す」よりも「聞く」
- 一貫性した行動をとる
- チャンスを平等に与える

❷最高の仕事を求める
- 高い基準を守る
- 「結果」よりも「努力」を求める

❸素早い学びのサイクルを生み出す
- 失敗を認め、共有する
- 失敗から学びつづける

解放者になるために

❶チップを上手に使う
❷意見を区別して伝える
❸自分の失敗を語る

意外な発見

❶もっとも抵抗の少ない道が独裁者への道だ。組織の権限には偏りがあり、平均以上のリーダーであっても独裁者になることは少なくない。
❷解放者は人々に自分の頭で考えることを許す一方で、最高の仕事を要求しつづける。
❸増幅型リーダーには緊張感がある。ビクビクするほど抑圧的な環境と、緊張感のある環境の違いを理解し、後者のような環境を作れるリーダーは、はるかに大きな能力をメンバーから引き出すことができる。

第4章 「挑戦者」としての技法

ノーベル賞受賞者と凡人の違いは、知能指数や勤勉さではなく、大きな問いを立てられるかどうかにある。
――ピーター・ドラッカー（経営学者）

２００５年、シャイ・アガシは、スイスのダボスにある世界経済会議の大会議室にいた。世界の将来を担う40歳未満のエリート集団、２００名のヤング・グローバル・リーダーズのひとりとして。当時、彼はＳＡＰの経営メンバー兼取締役のひとりで、次期ＣＥＯ候補と目されていた。だが、彼はこの会議でこう質問をされ、人生が変わった。「世界をよりよくするために、あなたにはなにができますか？」

シャイはこのシンプルな問いかけに衝撃を受けた。そして次の瞬間から答えを探しはじめた。最初に考えたのは、「原油に頼らずに国家を維持するにはどうしたらいいだろう？」ということだった。しかし、その答えはとても簡単には出せそうにない。そこで、ヤング・グローバル・リーダーズの仲間にも同じ問いかけをし、アイデアを交換した。さらに少人数のグループで、代替となる輸送手段を調べ、半年をかけて答えを探した。そうこうするうちに、ようやくチャンスが見えてきた。そして1年後には、このチャンスを追いかけるべきだと思えるようになった。2007年、シャイはついにSAPを辞め、カリフォルニア州パロアルトでベタープレイスを立ち上げた。

よりよい世界へのアイデア――ベタープレイスで人材を集めるにあたって、シャイは自分の目に映ったチャンス、そして将来性について説明した。社名が示すとおり、それは世界をよりよい場所にするためのアイデアだった。明晰な知性と先見の明で知られていたシャイは、ばらばらの断片からひとつの物語を作りはじめていた。彼は、もっとも効率のいい自動車の動力源として電気を推し、そのための論理を構築し、みんなに伝えた。ベタープレイスの最高テクノロジー責任者、バラク・ハーシュコビッツは言う。「私はこのチャンスについて5分聞いただけで、会社を辞めてシャイを手伝おうと決めたんです」

挑戦――シャイは自分が見出したチャンスを語っただけではない。同時に挑戦も掲げた。電気自動車を普及させるためには、誰かがバッテリーの充電と交換のためのインフラを作らなければならない。そしてその誰かは、AT&Tのようにアメリカ全土にネットワークを構築しなければならない。しかし、数カ月にわたる分析の結果、バッテリーの充電はそれほど実用性が高くないことが判明した。それよりも、バッテリー自体を素早く交換したほうがいい。シャイはこの挑戦をチームに伝え、難問を突きつけた。「5分でバッテリーを交換するにはどうしたらいいだろう？　どうしたらごく簡単に、便利にできるだろう？　どうしたら、場所をとらずに、どんな車にも対応し、お金をかけずに交換所の規模を拡大できるだろう？」。彼はチームに、2カ月で答えを出すよう求めた。チームはそれに見事に応え、3カ月後には実用に耐える製品が出来上がった。その製品は、5分どころか1分30秒でバッテリー交換を可能にするものだった。

可能性――「シャイは不可能を可能にする達人だよ」とチームの上級メンバーは言う。「彼は挑戦の中身を分解し、実現可能だと相手に信じさせることができるんだ」

バラクは、ベタープレイスの転換点となった瞬間を憶えている。「あのとき私は、ある自動車メーカーとの重要な会議の準備をしていました。自分たちの出したソリューションにまだ自信がなかったので、先方が受け入れやすい別の妥協案を作っていたのです。そして会議の直前、気は進まないが妥協案を作ったとシャイに打ち明けました。すると、彼はこう聞いたんです。『君は自分のソリューションに確信がないのか？』。それから一瞬黙って、こう続けました。『そのソリューションは正しくないのか？』。私の躊躇を感じとった彼は、こうも言いました。『もっといいソリューションがあると思っているのかい？』。これ以上のソリューションはないと思う、私はそう答えました。すると、シャイが言ったのです。『信じたことをしろ。真実にこだわるんだ。

君は僕が支えるから』。結局、私はその会議で、妥協案ではなく最初のソリューションを提案しました。信じていることを語ったわけです。すると、なんと不可能が可能になりました。その場の全員が、そのソリューションを支持してくれたのです」

シャイはメンバーの力の限界を広げてくれる。2009年5月号のタイム誌で、彼が「世界でもっとも影響力のある100人」に選ばれたのもうなずける。挑戦者であるシャイと働くことについて、チームメンバーはこう語っている。

「彼は僕たちの能力を伸ばし、ものごとを実現させてくれる。要求は多いけど充実感がある」
「何年間も毎日挑戦しつづけられる。自分と自分の能力に挑戦するんだ」
「ワクワクし、とことん働き、やりがいがあり、心が満たされる」
「彼はエネルギーの塊だよ。パワーの源になり、追い風になってくれる」

シャイは、メンバー自身が思っている以上の力を引き出し、メンバーもそのことに心を躍らせている。世界中の電気自動車を充電しようとする彼は、社員の心を満タンにする方法も知っている。

続いて、シャイとは対照的な創業者を見てみよう。

「エキスパート」の落とし穴

1990年代の半ば、リチャード・パルマーは、ビジネスプロセスを再構築するシステムとツールを提供するSMTをイギリスで設立した。この会社は、彼のビジネスプロセス・アナリストとしての経験と、システム専門家としての知識を土台にしていた。さらに、リチャードは若いころからチェスで方法論と戦略を培ってきた。その点でも、プロセス再構築という仕事はうってつけだった。

リチャードがイギリスの最年少チェス王者（マスターの称号を持つ）であることは、社内の誰もが知っていた。リチャードと言えば、オクスフォード大学出身のチェス王者。誰から見ても天才で、社内でいちばん頭が切れた。CEOの肩書を別の人間に譲ったあとも、彼は会長として、予算、価格、製品、報酬、企業戦略のすべてを決めていた。

歩兵《ポーン》の大軍――リチャードが部屋に入ると、その場の空気は一変する。生徒集会に校長が入るようなものだ。彼がいると誰もが萎縮する。数学の教師がいきなり質問を投げかけたかのように、全員が小さくなり、見つかりませんようにと念じるのだ。誰よりも注目されるのは、もちろんリチャードだ。彼はいつでもいちばんの専門家で、もっとも頭のいい人間に見えるように行動していた。

ある経営会合でのこと。リチャードがいきなり自社の法律顧問に、企業統治について細かい規則の違いを次々と質問しはじめた。その法律顧問がある規則を十分理解していないと感じたからだ。法律顧問は質問にひとつずつ答えたが、リチャードの質問はますます細かくなっていった。法律顧問は困惑しつつも、できるかぎり答えた。それでも、リチャードは納得しなかった。

そして、どうしたか？　彼は会社を出ると、閉店直前の本屋に駆け込み、最新の企業統治の規則を含む６００ページにもわたる法律書を買うと、それを徹夜で読破した。翌日、彼は経営陣をふたたび招集した。緊急会議の主題は、もちろんその規則についてだった。リチャードは自分の発見した知識を披露し、みんなの前で法律顧問の間違いを指摘した。


悪い角《ビショップ》――リチャードは、相手の間違いを指摘する名人だ。彼は自分が答えを知っていることしか質問しない。彼にとって質問とは、相手の知識を試し、自分の意見をみんなが理解していることを確かめるためにある。リチャードのもとで働く副社長のひとりはこう言った。「リチャード自身が答えを知らない質問をしたことは、今まで一度も記憶にありません」

リチャードはまた、会話を中断する質問の達人でもある。彼は自分が答えを知らないときに、この種の質問をする。たとえば、電話会議の最中にささいな質問をして会話を妨げ、その間に先手を打ってグーグルで答えを検索するといった具合だ。

ブリティッシュ・テレコムへの営業について検討しているときにも、それは起こった。会議のなかで、営業チームが先方から提案された契約を見直していると、契約の文言をどうすべきかがわかっていない様子のリチャードが、突然こう質問した。「このなかでブリティッシュ・テレコムの現場作業マニュアルを読んだことのある人間は？」。彼のいうマニュアルは500ページもの文書で、営業担当者が読むようなものではなかった。なにかのひっかけかと思いつつ、読んでいないと告白すると、リチャードはこう詰め寄った。「現場作業マニュアルも読まずに、この契約を理解してうまく売り込むことができるのか？」。営業チーム全員とリチャードがマニュアルを読む間、営業活動は完全に止まった。あるチームメンバーはこう語った。「彼は『よし、みんなでマニュアルを研究して先方の理解を深めよう』なんてタイプのリーダーじゃありません。あれはただの時間稼ぎ、どうしても自分よりメンバーを愚かに見せたいんですよ」

王手飛車取り《フールズメイト》――本当に賢く才能のある人材は、当然こんな会社に留まらない。ここにいても自分の時間と才能の無駄、リチャード以上にこの組織が伸びることはないと見極めて去っていく。また、リチャードが望むほど頭が良くないからとクビになった人もいる。あとに残っているのは「なにもせずに会社に留まっている」人だけだ。リチャードの強権のもとで、今はまだ売上も伸びているものの、ほとんどの社員はこの組織に限界を感じている。「絶対に本物の会社にはなれない」と言う社員もいた。

「全能の神」のようにふるまうリチャードは、「挑戦者」からはほど遠い。

あなたは「全能の神」か「挑戦者」か

「全能の神」と「挑戦者」の間には、指示の出し方とチャンスの追いかけ方に、根本的な違いがある。

全能の神＝消耗型リーダーは、すべてを知ってなにをすべきかを命令することが自分の仕事だと考える。そうなるとメンバーは、リーダーがなにを考えているかを憶測し、それに従っているように見せることに時間を費やすようになる。堂々めぐりも繰り返すようになる。結局、消耗型リーダーは、その組織が達成できることにわざわざ上限を設けているに等しい。彼は自分の知識がおよぶ範囲だけにしか目がいかない。チームも彼がやり方をわかっていることだけしか達成できない。

一方、挑戦者＝増幅型リーダーは、自分で答えを出す代わりに、頭を使って正しい事業機会を見つけ、それを実現すべくチーム一丸となって挑戦させる。リーダーがなにを知っているかは関係ない。増幅型リーダーは、自分や組織の知識を超えて、チームを前進させる。その結果、彼らの率いる組織は困難に立ち向かう集中力とエネルギーを備え、成長していく。

増幅型リーダーは答えを教えない

両者の姿勢の違いは、どこから来るのだろう。先ほどの例で言えば、なにがシャイを挑戦に向かわせ、メンバーから最高のアイデアと仕事を引き出すことを可能にしているのだろう？　リチャードの周りではなぜ、アイデアも能力も育たないのだろう？　どちらの創業者も非常に頭が良く、組織についての明確なビジョンを持ち、情熱的に仕事に取り組んでいる。だが、方向性を決める手法を見ると、違いがはっきりと浮かび上がってくる。

リチャードの論理の背景には、「自分はすべての答えを知っていなければならない」という思い込みがある。それこそが、リーダーの仕事だと考えているのだ。答えを知らない場合には、自分で答えを見つけるか、知ったかぶりをするしかない。答えがないときには、見つけるまで仕事を中断する。企業統治の本を買ったり、作業マニュアルを読んだり、グーグルで検索したりしたように。専門的なシステムを長年研究してきたような人はとくに、リーダーになっても専門家になるのが自分の仕事だと思い込みがちだ。

だが前述したように、答えを与えるのがリーダーの仕事だと思い込んでいると、組織に「全能の神からの指示待ち」という負の循環が生まれてしまう。

一方、ベタープレイスのシャイは、それとは違う論理に従っている。彼は頭脳とエネルギーを、大きな問いを投げかけることと、それは解決できると示すことのふたつに注いでいる。挑戦の意義を深く理解し、その実現が可能であり、人は挑戦によってより賢くなると信じているからだ。事実、彼のもとでメンバーは、挑戦を受け入れるごとに洞察と自信を深める。自信も増し、解けない問題が解けるようになる。古い議論は新しいアイデアに変わり、障害に見えたものはやりがいのあるパズルに変わる。

このタイプのリーダーは、自分がすべてに答える必要はないとわかっている。そのため、より大きく、大胆で、興味深い問いを自由に発することができる。彼らは、自分の知らないことを追いかける。

そんな挑戦者を、もうひとり紹介しよう。

ある挑戦者の失敗と喜び

1995年、サンフランシスコの海岸沿いにある豊かな街レッドウッド。そこに本社を置いていたオラクルは、インターネット対応の製品の再構築を始めていたものの、事業戦略がまだ明確ではなかった。会社の命運は、社長のレイ・レーンの肩にかかっていた。レイはその2年前にオラクルに入り、国内売上を5億7100万ドルから12億ドルに成長させていた。

目論見がはずれる――レイはあるとき、世界中に散らばる社内リーダー250名を対象に、フォーラムを開くことにした。全員に企業戦略を徹底的に理解してもらい、バックアップしてもらうのが目的だった。そこで、CEOのラリー・エリソン、CFOのジェフ・ヘンリーらとともに、さっそく戦略についてのプレゼンテーションを準備し、まず30人のリーダーを集めて説明した。ところが、回を重ね、議論を進めるにつれて、参加者たちは混乱していった。ついに、ある副社長が全員を代表してこう言った。「パワーポイントのスライドは何枚も見せられましたが、戦略が見えてきません」

レイと経営陣はふりだしに戻り、プレゼンテーションを根本的に作り直した。そして、次の30人を招集した。すると、今度は全否定された。参加者のひとりが思い切って言った。「はっきりした戦略ができるまで、招集はしないでください!」

独立記念日――経営陣全員の都合がついてレイの自宅に集まったのは、奇しくも7月4日、独立記念日だった。グローバル事業は予想以上に複雑にして多様になり、もはや本社だけでは戦略を立てられない――そのことに誰もが気づいていた。彼らは根本的にアプローチを変えることにした。なんでもとことん語り合うことから始め、自分たちの考えのもとになる問い、トレンド、前提を共有したのだ。

三度目にリーダー30人を招集したとき、レイと経営陣はまず、自分たちの事業になにが起きているか、世界がどこに向かっているかを参加者と共有することから始めた。そのうえで、オラクルのビジネスチャンスを挙げ、戦略の枠組みを示した。それは、四つの大きな変革を求めるものだった。

説明を終えたレイは、全員に問いかけた。「このような変革は、我が社の事業に本当に必要だといえるだろうか？」「未来についての前提のなかで、間違っているものはないだろうか？」

続いてレイは、集まったリーダーに、空欄を埋めるという挑戦を与えた。彼は、2日間で四つの変革のそれぞれを検証し、裏づけを探し出し、事業への影響を具体的に指摘するよう求めた。加えて、自分たちの考えを次の30人に伝え、さらに深めるようにとも言った。このグループはそのすべてを行ない、経営陣の考えをより進めて次の30人に引き渡した。やり遂げた30人は互いに成功を祝い、自分たちが大きななにかの出発点になったことを自覚して、会合をあとにした。

その後、このやり方は、すべての上級副社長と副社長たちにも引き継がれた。各グループは前のグループが残した仕事に挑戦した。誰もが真剣に取り組み、戦略をひっくり返し、穴や論理の欠陥や弱みを探した。

その結果、全員の考えに裏づけられた戦略が出来上がった。そこには勢いがあった。

晴れの日——レイと経営陣はこのプロセスのクライマックスに、２５０人のリーダー全員を

招集し、そこで自社の新たな戦略と変革を発表した。参加者は、自分たちが社の歴史を作っていることを実感し、熱狂的にこれを受け入れた。自分たちが力を合わせて作った足跡が見える戦略、それは新鮮なだけでなく、説得力があった。なにより身近に感じられた。

地域別の会合も、いつもとはまったく様子が違っていた。おきまりの、「なぜヨーロッパ・中東・アフリカ地域でうまくいかないか」といった議論の代わりに、「最初になにをすべきか?」「ドイツのどの場所から実行すべきか」といった会話が熱く交わされた。とくに象徴的だったのは、日本での議論だった。自国での戦略と実行法を議論した彼らは、あたかも戦争に向かうかのように、静かな熱を込めて体制を作りはじめた。

これら一連の地域別議論で明らかになったのは、組織としての集合的意思だった。レイとラリーのリーダーシップのもと、オラクルは時間をかけて新戦略を実行していった。そして1990年代末には、インターネットにおける企業内サーバーを利用したコンピュータ・システムの分野でトップに躍り出た。1996~2000年にかけて、売上も42億ドルから101億ドルへと二倍以上増加した。

レイ・レーンは、実直に戦略を社内にはたらきかけるところから出発した。だが、彼がより強力なリーダーになったのは、事業機会の種を撒き、組織の限界を超えるような挑戦を掲げたからだ。彼自身は方向性を定めなかった。方向性が定まるようお膳立てをしたのだ。

レイは一貫して、挑戦者として行動した。

挑戦者の三つの実践

増幅型リーダーを調査するなかで、私たちは挑戦者に共通する実践を発見した。それは、①チャンスの種を撒く、②挑戦を掲げる、③自信を植えつける、の三つだ。それぞれ順番に見ていこう。

①チャンスの種を撒く

増幅型リーダーは、人間は挑戦を通じて成長すると知っている。能力は、引き伸ばされ、試されることで育つ。増幅型リーダーは、方向性がはっきりと見えていても、答えを与えない。与えるのは十分な情報だ。それをもとに考えさせ、チャンスを発見させる。

ニーズを見出させる

チャンスの種は、メンバーに見つけさせるほうが、問題への理解がずっと深まる。リーダーはただ、メンバーの邪魔をせず見守るのだ。

ユタ大学には、学生の地域奉仕プロジェクトや貢献活動を促す目的で設立されたベニオン・センターがある。そこで14年にわたってセンター長を務めているのが、アイリーン・ノイッシャーだ。

アイリーンは、地域の最貧層を援助するという自分の夢を誰かに無理やり押しつけたりしない。彼女はまず、リーダー的な存在になってくれる学生を招き、他の学生を組織する。次に、学生をスラム街に連れて行き、地域の人と働いてもらい、彼ら自身にそこにあるニーズを発見させる。これまでに、何人もの学生が街中を歩き、ホームレスの悲惨さを目にした。シェルターを訪れ、日々生き延びようとしているシングルマザーと話をした。いくつものニーズを目のあたりにした学生たちは、変化を起こすことに好奇心を抱き、情熱を燃やし、またたく間にたくさんのことを学んでいった。

さらに、活動が活発になっていくと、学生リーダーはますます難しい役割を担うようになった。アイリーンは言う。「彼らは非常に有能な学生です。なにかが目に入れば、すぐ質問してきます。たくさん問いかけ、仕事にとりかかります」。アイリーンは見事にチャンスの種を撒き、学生たちに挑戦させたのだ。「私自身は挑戦者ではありません。人々に挑戦のチャンスを作ってあげれば、彼らがそれに応えてくれるのです」

ベニオン・センターは今も、「ただ指示するだけでは人々の力を引き出せない」という信念のもと、成果を出しつづけている。

前提を疑う

増幅型リーダーは組織の根底にある前提に疑問を投げかけ、既存の論理を突破するような問いを発する。C・K・プラハラードも、そのひとりだ。彼は、戦略とは前提を理解し、それを疑うことだと言う。大手企業の経営陣と仕事をするときも、プラハラードはしばしば彼らの前提をくつがえすような居心地の悪い質問をし、これまでとは違う角度から市場機会と脅威を見せていく。

多国籍家電メーカーのフィリップスと仕事をしたときもそうだった。プラハラードは経営陣一人ひとりの話をじっくりと聞き、事業の主な前提と組織内の緊張を見出していくうちに、この会社が自分たちを無敵だと思っていることに気づいた。そこで、彼はちょっとした計画を立てた。ある日の戦略会議で、自分の書いた架空の新聞記事を話題にしたのだ。

その記事は、フィリップスの倒産を憶測する内容で、ニューヨーク・タイムズ紙に掲載されたという仮定だった。記事を紹介したプラハラードは、参加者に次々と質問をした。現在の競争環境がどう変化したら、フィリップスの売上に壊滅的な影響が出るだろう？　もしA社とB社が合併したらどうなるだろう？　市場がどう変化したら倒産につながるだろう？　もしそうなったら、どんな手を打つべきだろう？

会議室は静まりかえった。彼らの前提を揺さぶり、全員の注意を十分に引きつけたプラハラードは、改めて議論を促した。一人ひとりが答えを探しはじめた。

新たな枠組みを示す

増幅型リーダーはチャンスを逃さない。有名コンサルタントで作家でもあるピーター・ブロックが言うように、「最高の仕事とは、問題に対応することではなく、チャンスに対応すること」だ。増幅型リーダーも、問題を分析すると同時に、難問から生まれるチャンスを示す。

P&Gの元CEOアラン・G・ラフリーも、そんなリーダーのひとりだ。ラリー・ヒューストンとナビル・サカブが、ハーバード・ビジネス・レビュー誌に寄稿した「コネクト・アンド・ディベロップ」で述べたとおり、P&Gは自社開発モデルだけではもはや高水準の成長を維持できなくなっていた。売上が250億ドルの時代はなんとかなったが、500億ドルを超えてからは、社内の研究開発は頭打ちとなり、時価総額は半分に、株価は118ドルから52ドルに下落していた。

そこでラフリーは、外部のイノベーションを積極的に取り入れる戦略を打ち出した。「自前主義」から「胸を張って外部の発明を取り入れる戦略」への転換だった。イノベーションの生まれる場所は研究室だけではない。ラフリーはサプライヤーやパートナーと協力し、より速くイノベーションを起こす方法を模索した。

たとえば、プリングルスのポテトチップスに模様や文字を描くアイデアが浮上したときもそうだった。P&Gは、その方法をゼロから最後まで社内で見つけるか、パートナーネットワークのなかから見つけるかを迫られた。従来は、新製品を市場化するまでに2年はかかっていたが、外部と連繋すれば効率を上げられそうだった。

結局、ラフリーは後者を選択した。そして、問題解決に必要な規格を書き出すと、それを個人と企業を含むグローバルネットワークで共有した。すでにどこかにその技術が使われていないかを探すためだ。すると、イタリアのボローニャで大学教授の経営する小さなパン屋が、前からその機械を作っていることがわかった。この教授の発明品のおかげで、市場化までの時間は半分に短縮され、コストも従来の数分の一ですんだ。おまけに、完成した製品は発売と同時にヒットした。プリングルス事業部はその後2年間、二桁成長を遂げた。

きっかけを作る

増幅型リーダーは完全な答えは差し出さない。だが、きっかけは与える。チャンスの種を上手に撒けば、メンバーが発見する。発見すれば、種が芽を出す過程も経験できる。そして、その流れが知的好奇心を刺激し、挑戦へのエネルギーを生み出していく。どのメンバーも、問いへの答えがまだ形になっていなくても、「自分にできることがまだあるはずだ」と考え、それに没頭するようになるのだ。

②挑戦を掲げる

チャンスの種が撒かれ、知的なエネルギーが生まれたら、増幅型リーダーは次に、組織の限界を超えるような挑戦を掲げる。消耗型リーダーは自分の知識とメンバーの知識の間に大きな溝を作るが、増幅型リーダーはメンバーを挑戦に引き入れる空間を作り出す。限界を大きく超える目標を目にしたメンバーは、ときには戸惑いつつも、興味を惹かれる。

ミッション・インポッシブル

マット・マコーリーがジンボリーの経営者になったのは、33歳のときだった。ジンボリーは今、サンフランシスコに本社を置く、年商7億9000万ドルの子ども服チェーンだが、彼はその経営計画と在庫管理を一から経験してきた、この会社の生え抜きだ。ジンボリーの30年の歴史で最年少CEOだったのはもちろん、小型株指数のラッセル2000社のなかでも最年少CEOだった。

若いマコーリーは、社員のアイデアをいつも歓迎した。「アイデアのやりとりが大好きなんだ。どんな仕事をしていても、うちの社員はみんな才能があってすごく賢い」とマコーリーは言う。大学時代に棒高跳びの選手だった彼は、練習のとき、一本のバーを自己記録の5メートル34センチに、もう一本のバーを当時の世界記録だった6メートル10センチに置いていた。人間がどこまでできるのかを思い出すためだったという。彼のその姿勢は、仕事でも変わらなかった。

バーを上げる――マコーリーが社長に就任したとき、リニューアルされたばかりの商品は追い風になっていたものの、その一方で、業務の乱雑さが大きな問題になっていた。彼は、当時69セントだった一株利益を大きく伸ばすチャンスをここに見出した。すぐに、これまでに培ったオペレーションと在庫最適化の高度な知識を活かして成長余力を予測すると、取締役会で一株利益1ドルを達成できるだろうと語った。取締役たちは鼻で笑ったが、彼には自信があった。

マコーリーは経営チームに、売上と一株利益の成長目標を可能にする論理を丁寧に説明した。また、この5年間学んできた売上とコストの最適化計算を披露したうえで、それが本当に達成できるかどうかを問うた。そして、一株利益1ドルという「ミッション・インポッシブル」を発表した。彼はまた、経営チームの一人ひとりにも聞いた。「君のミッション・インポッシブルはなんだい？」

経営陣は次第に、高い目標を掲げるマコーリーの姿勢に引き込まれていった。ついには、彼ら自身が組織全体に同じ問いを発するようになった。そして、９５００名の社員全員がミッション・インポッシブル、つまりとんでもない夢を持つようになった。

すべては、個人的なミッション・インポッシブルを見つけるように促されたことが始まりだった。

バーを飛び越える――その1年後、マコーリーは取締役会、投資家、そして全社員に向けて、「ミッション・インポッシブル」だった一株利益1ドルを超え、前年比72パーセント増の1ドル19セントを達成したと発表した。

そして、次にどうしたか？　彼はさらに高い目標を掲げ、一株利益2ドルを達成すると取締役会に告げた。今回こそ、取締役会はとんでもないと思った。だが、マコーリーは社員に協力を求め、この目標を共有し、ふたたび全員に向けて目標達成のために必要な、個人のミッション・インポッシブルを見つけるよう訴えた。

２００７年度、彼らは80パーセントの増加となる一株利益2ドル15セントを達成した。するとマコーリーは一株利益３ドルを目標に掲げた。その1年後こそ2ドル67セントだったものの、２年後の２００８年には驚きの３ドル21セントを達成した。年率50パーセントの利益増、一株利益は４年間でほぼ五倍になっていた。

具体的にひとつずつ

ショーン・メンディは、カリフォルニア州イーストパロアルトで、放課後学習活動を組織している。この地域は、１９９２年に全米における殺人発生率がもっとも高かった地域だ。高校中退など当たり前、ショーン自身も厳しい環境で育ったが、コーネル大学に入学し、無事卒業することができた。

大学を卒業したショーンは、1年間だけ学習支援団体のボーイズ・アンド・ガールズクラブのペンシルベニア支部で働くことにした。だが結局、4年経ってもそこを離れられず、スタンフォードの大学院に合格した今も、このクラブで自分の半分の年齢の子どもたちに宿題を教えている。彼はまた、自分の生い立ちから、なにが成功に必要かを10代の子どもたちに伝えてもいる。

ショーンが初めてタジアナ・ロビンソン（通称タージ）に会ったとき、彼女は恥ずかしがり屋でもじもじした12歳の少女だった。ショーンが手を差し出すと、いやいや握手しようとしたものだ。そんなタージに、ショーンは大きな笑顔を浮かべながら言った。「初対面のときには、三つのことに気をつけるといいよ。ひとつ、相手の目を見ること。ふたつ、しっかりと手を握ること。三つ、握った手を上下に三度振ること」。タージは驚いたが、興味を惹かれた。

ショーンはそれからも、ちょっとした挑戦をタージに続けさせた。あるとき、「新聞の作り方の授業を受けてみる？」と聞くと、タージはうなずいた。しばらくすると、学校新聞に一面記事を書くように勧めた。定期的に作文の個人授業を受けること、優れたエッセイの書き方を学ぶことも勧めた。そして、タージがそれをやるたびに、目標をさらに上げた。ついには、彼女が通う学校の最優秀学生を決める競技会に参加するよう勧めた。タージはそこで優勝した。

ショーンは、ほかの子どもたちにも難しい問いを投げかけては考えさせ、答えさせた。タージは言った。「ショーンは私に、自分の頭で考えることを教えてくれたんです」。それが彼女の知的な筋力を強化し、もっとも困難な挑戦にも取り組む自信を与えたのだ。

タージと出会ったころ、ショーンは彼女の目を見てこう聞いたという。「この環境から抜け出せたら、なにがしたい？」。タージはしばらく押し黙ってから答えた。「大学に行きたい」。ショーンは続けた。「そうするにはどうしたらいいかな？」。タージはまたしばらく考えていたが、その目がパッと輝いた。「いい高校に行かなくちゃ！」

ふたりは、近郊の名門高校に入るために、奨学金を獲得しようと決めた。すると、ショーンはまた聞いた。「どこから始めようか？」

このあとタージは、ショーンの助けを得ながら、自分に最適な高校を見つけ出した。応募書類も完成させ、面接に備えた。だが、大切な面接の前夜に事件が起きた。タージが家で宿題をしているときにドライブに出かけた家族が、信号待ちをしている間に拳銃を持った男に襲われたのだ。車に近づいた男は、3人の子どもが乗った車のなかに何度も発砲した。タージの年上のいとこは背中を撃たれ、6歳の妹は足を撃たれた。誰も命は落とさなかったが、トラウマになるほどの衝撃だった。

翌朝、ショーンは面接の延期を提案した。だが、タージは心の底から叫んだ。「ここから抜け出したいの。欲しい人生を手に入れるには、これしかない。家族にこんなことが二度と起きないようにするには、これしかないの！」。タージは涙を拭いて面接に出かけ、出会った人すべてを感動させた。そして難関高校4校に合格し、そのすべてから全額奨学金を受ける権利を得た。

タージは今、カリフォルニア州アサートンにある名門私立高校に通っている。打たれ強く、やる気に満ち、驚くほど賢い14歳の高校生として。

ほかにも、ショーンが受け持った17名の8年生のうち、12人は名門私立高校への奨学金を獲得し、5名は難関大学進学コースに進んだ。ショーンは今日も若者に高い目標を掲げさせ、成功への道に踏み出し、歩みつづける精神力を育んでいる。

難しい問いを投げかける

消耗型リーダーは答えを与えるが、増幅型リーダーは優れた質問を与える。その質問は、ただ考えさせるだけでなく、もう一度自分の考えを省みさせる。自分たちの今の知識や立場では答えられないような深い質問をされたメンバーたちは、それに答えるために、組織ぐるみで学習するようになっていく。

大きな質問をすると、人々が知っていることと、質問に答えるために知らなければならないこととの間に空間が生まれる。今できることと、やらなければならないこととの間にある空間と言ってもいい。この空間が組織に緊張を生み出し、ぎりぎりまで引き伸ばされたゴムバンドのようになる。この緊張をやわらげるためには、一方がもう一方に歩み寄らなければならない。

ジンボリーのマット・マコーリーは、全社員に「君のミッション・インポッシブルはなにか?」と尋ねることで空間を生み出した。ベタープレイスのシャイ・アガシの場合は、「どうしたら、世界中どこでも、どの電気自動車でも、手頃な値段でバッテリー交換ができるか?」だった。

空欄を埋めさせる

増幅型リーダーは、メンバーに仕事を任せ、そうすることでメンバーを挑戦に引き込む。彼らは考える仕事を他者に渡す。具体的な目標を掲げるまでは、考える責任はリーダーにあるが、そこから難しい問いを投げかけ、メンバーに空欄を埋めさせることで、その責任をメンバーに引き渡していく。増幅型リーダーの周囲に、知性と活力が生まれるのはそのためだ。

あるリーダーは、韓国の大手家電メーカーの新規事業部を率いることになったとき、経営チームを集めると、「市場トップになり、名門大学から優秀な人材が集まるような魅力的な企業になる」という目標を掲げた。しかしそのためには、段階的な改善だけでは明らかに不十分だった。そこで彼は、まず主要管理職、創業者一族、外部コンサルタントなど、さまざまな分野から広く関係者を集め、市場トップになるにはなにが必要かを分析した。そして彼らにチャンスの種を撒き、難問を投げかけた。「われわれはなぜ、この事業を行なうのだろう?」「われわれには、この事業に留まる力があるだろうか?」「競合他社を上まわるにはなにが必要だろう?」

いずれも、一筋縄ではいかない、混乱を起こすような質問だった。だが、彼は一歩も引かなかった。その緊張感から、チームは答えを出す必要に迫られた。彼はチームに空欄を埋めさせたのだ。そのうえ、厳しい締め切りも設けた。「最初から100パーセントの答えはいらない。二日間で30パーセントの答えを出してくれ。その30パーセントの答えをもとに話し合い、さらに50パーセントの答えを出すべきかどうかを決めよう。そこまでいったら、今度は2カ月かけて100パーセントに持っていこう」

こうして、彼らはついに明確な答えにたどり着いた。数カ月間、山あり谷ありの経過を経て、挑戦に欠かせない知的な筋力と活力が築かれたのだ。

③自信を植えつける

チャンスの種を撒き、挑戦を掲げることで、メンバーは自分たちになにができるかを真剣に考えるようになる。だが、それだけではムーブメントは起こせない。増幅型リーダーはさらに、自信を植えつける。不可能を可能にさせるためだ。人は、自信を持てば限界の向こう側を見て理解する。それだけではない。実際に限界を超えようとしはじめる。

では、増幅型リーダーはどのようにして自信を植えつけているのだろう?

目標は手に届く範囲に

自信を生み出すひとつの方法は、目標を身近なレベルまで持ってくることだ。一般家庭と企業向けに、炭素排出量が半減される発電機を作ろうとしているブルーム・エナジーのCEO、K・R・シュリダールは、こう語った。「目標は、無理かもしれないと思うくらい高く置くべきだが、不可能であってはならない。1万メートル上空にあるような目標じゃだめ。300メートルくらいの高さでないと。1万メートル上空にしかないような目標を達成しろというのは、無責任だ。リーダーはそれを地上に近づけて、達成が可能だと示さないとね。具体的に、それがなぜ可能かを教えることが肝心なんだ。一度でもそれが示せれば大丈夫だよ」。増幅型リーダーは、目標を現実に近いところに「落下させる」ことで、大胆な挑戦をも達成させていく。

道を示す

もうひとつの方法は「道を示す」ことだ。シャイ・アガシは、不可能を可能に見せる達人だ。SAPで技術部門を率いていたころ、彼は7日でインストールできる中小企業向けの簡易パッケージを開発するようチームに課した。それまで、SAP製品をインストールするには、数日どころか数カ月かかっていた。まったく前例のない試みだった。だが、アガシは単にとんでもない挑戦を課しただけではない。目標達成への道を一緒に探した。そして、チームとともに過去の導入実績を分析した結果、その九割が同じ機能を共有していることを突き止めた。さらに、その設定がほとんどの中小企業に使えることもわかった。そのおかげで、チームは本当に7日間でインストールできる道を発見することができた。

実行する人が計画する

実行する人たち自身が計画を立てるのも、いい方法だ。そうすれば、自信を持って実現に向かうことができる。レイ・レーンが、経営戦略を打ち立てただけでなく、オラクルがインターネット時代のリーダーになれるという大きな自信を社内に植えつけたように。あのとき、企業戦略をともに作る機会を与えられた２５０人のリーダーたちは、挑戦の意味を理解し、目標を達成するにはどんな行動が必要かがわかっていた。実現に必要な集合的な意思とエネルギーも蓄えていた。戦略が完成したとき、挑戦の準備はすべてできていた。

小さな勝利を重ねる

リーダーは、ときとして多くの問題に一度に対処したい誘惑に駆られる。だが、増幅型リーダーは小さな勝利を重ねながら、より大きな挑戦への自信を植えつけていく。

ノーベル平和賞を受賞したワンガリ・マータイさんは、こう語っている。「ナイロビで、多くの女性が薪が足りないと愚痴っているのを聞きました。水もないと言っていました。そこで私は『木を植えたら？』と言ったのです。すると、彼女たちは本当に少しだけ始めました。そして、お互いにそれを見せ合うようになりました。そこから、だんだんと地域の力を得られるようになり、植樹が進んでいったのです」。

１９７７年６月５日、世界環境デーにマータイさんが７本の木を植えて以来、グリーンベルトという植林活動によって、アフリカにはこれまで４０００万本が植樹されてきた。この活動は今や植樹に留まらない。マータイさんは書いている。「植樹はきっかけにすぎないということを、多くの人はまだ理解していません。植樹は手軽な出発点、わかりやすい出発点です。これなら誰にでもできますし、それほどお金もかかりません。技術もいりません。でも、植樹を通じて地域社会に入ると、そこではもっと大変な、さまざまな問題にぶつかります。統治、人権、抗争や平和、長期的な資源管理などの問題に、私たちは対処しているのです」

企業リーダーも同じだ。まずは小さな勝利を重ねることで、大きな挑戦への自信を育てることができる。自信を育て、目標達成の責任をメンバーに委ねれば、組織全体が今までにない飛躍を遂げる日も来るにちがいない。

アカデミー賞を受賞したイギリスのドキュメンタリー映画、『マン・オン・ワイヤー』をご存じだろうか。これは、大道芸人フィリップ・プティの人生を描いた作品だ。１９７４年、プティはニューヨークのワールドトレードセンターの、高さが４１７メートルもあるツインタワーに、長さ42メートルの綱を渡し、そこを渡り切ったことで一躍有名になった。映画のなかで彼は、タワーの端に立ち、片方の足を綱の上に乗せた瞬間のことを語っている。「私は、ビルに乗せた足から綱に乗せた足へと重心を移す決断をした。これで人生が終わるかもしれなかった。でも、抗《あらが》いがたいなにかが……私を綱の上に引き寄せたんだ」

私も、さまざまな組織で、この重心移動と同じような瞬間を何度も目にした。それは、組織のエネルギーが新たな方向に動きはじめる瞬間、個人と組織が挑戦を受け入れ、きっと成功するという自信が生まれた瞬間だ。増幅型リーダーは、メンバーの尻を叩かない。メンバーの挑戦を促し、熱意を生む。挑戦させることで、知的な筋力、精神力、そして前進への集合的な意思を育てる。それが、組織の重心を移すための、増幅型リーダーのやり方だ。

消耗型リーダーはチャンスをつぶす

消耗型リーダーは、増幅型リーダーと正反対のやり方で方向性を設定する。未来の機会に向けてメンバーの能力を伸ばすより、自分の優秀さをひけらかすような指示を与えるのだ。彼らは、チャンスの種を撒き、自信を持って挑戦させる代わりに、命令し、試す。

自分の知識をひけらかす――消耗型リーダーは、思考においても自分がリーダーだと考えているので、その知識をすぐに分け与えたがる。とはいえ、メンバーの貢献を促すような形で分け与えることはまずない。彼らは他者から学ぶよりも、自分のアイデアを売り込むことを好む。ヨーロッパのある管理職は、自分のアイデアを延々と語りつづけ、「その場の空気をすべて吸い取っていた」という。その同僚はこう語った。「彼は自分の考えをひけらかすのに忙しくて、他の誰にもしゃべらせなかった」。また、直属のメンバーはこう付け加えた。「彼と同じチームに10年いましたが、彼が私に質問したことは一度もありませんでした。ええ、一度もです。誰にともなく『どうして人間は○○をするんだろう?』などと口にすることはありましたが、それに答えるのは彼自身でした」

なにを知っているか試す――消耗型リーダーは、お目付役としてしかメンバーと関わらない。彼らは深い洞察を得たり、集合的な学習を生み出すためでなく、自分が意見を言いたいがために質問する。先ほど紹介したリチャード・パルマーのように、「ほらみろ」と言うために質問するのだ。消耗型リーダーはメンバーにストレスは与えるばかりで、能力は伸ばさない。

仕事のやり方を命令する――消耗型リーダーはメンバーに任せず、自分が中心になって細かく指図する。考えるのは自分の仕事だと決めつけて、質問も答えも自分で出す。メジャー映画のエグゼクティブ・プロデューサー、チップ・マックスウェルもそのひとりだ。監督が選りすぐった一流の才能を集めているのに、チップはいつも口をはさみ、監督の頭越しにスタッフに指図する。そのせいで、製作中に撮影監督がいきなり辞めてしまったこともある。「チップが自分よりうまく照明をあてられるなら、彼がやればいい」と言い放ったその撮影監督は、受賞歴もあるプロ中のプロだった。彼が自分の才能を別の映画に使ったほうがいいと思ったのも当然だろう。

消耗型リーダーは、無意識のうちに周囲の人の能力をつぶしている。彼らのほとんどは自らの専門知識をもとにキャリアを築いてきた。だから、キャリアが頭打ちになるか危機が訪れないかぎり、たとえば撮影監督が映画製作中に辞めてしまうようなことでもなければ、自分の思い込みが間違っていて、自分自身も周囲もそれが足かせになっていることに気づけない。

最近、ＩＱテストを受けて１４４という高得点を取った私の同僚は、あと1点で天才の認定を受けられた、と興奮して言った。彼がメンサ（高知能指数の交流団体）からの入会通知を夢見ていたのは間違いない。だが、私たちの調査結果を知ると、その興奮も冷めてしまった。「これまで自分が天才だと証明するために努力してきて、やっとそう言えるところまできたのに、頭の良さは関係ないなんて！」

もちろん、頭の良さも重要ではある。しかし、もっとも優秀なリーダーは、自分が優れているだけでなく、周囲の人の能力も引き出し、育てることによって自分の能力を増幅させている。自分のＩＱを1ポイント伸ばして天才の認定を受けることを夢見るリーダーと、自分の頭脳を使ってメンバー全員の知性を伸ばそうとするリーダーの違いを考えてほしい。もし全員が1ポイントずつ賢くなったら、組織全体ではとてつもないことができるのではないだろうか。

「全能の神」と「挑戦者」を比較すると――

リーダーが挑戦者として行動すると、チームの成果は加速する。成果が加速した組織は、リーダーの指示を待つ必要がなくなる。メンバー全員が問題を理解しているため、命令や承認を待つまでもなく、自分の頭で考えられる。難問も素早く解決できる。結果として、増幅型リーダーと消耗型リーダーとでは、組織の生産性とスピードに大幅な差が生じる。

全能の神は指示待ちの循環を生み出す――ある世界的なテクノロジー企業に勤める副社長は、非常に頭が切れる。スピードが早く、要求の多い環境にも慣れていた。彼は常に挑戦しつづけ、他人にもそれを求めた。しかし、あるとき典型的な「全能の神」が率いる事業部に配属されてしまった。以来、彼は自分から行動をすることがほとんどなくなった。「いつもボスの決定を待っていました。その間はなにもすることがありませんでした。あまりに退屈だったので、ヨットの操縦を習いに行ったほどです」。彼は高速航行に備えていいのに、のんびり航海することになってしまった。

「全能の神」と「挑戦者」はどう違うか

全能の神		挑戦者	
行動	結果	行動	結果
●自分の知識をひけらかすように指図する	●メンバーは仕事よりもリーダーの関心を得ることに汲々とする ●朝令暮改のリーダーの指示待ちで、組織が堂々めぐりになってしまう ●リーダーの先を行こうとしない組織になる	●自分の知識の限界を超えるような挑戦の機会を見つける	●共通の目標に向けた集合的な意思が育まれる ●リーダー発ではない素早い問題解決の循環が起きる ●もっとも困難な組織の問題に取り組むような自発的な努力、知的な活力が生まれる

挑戦者は素早い行動の循環を生み出す——先ほど少し紹介したように、バラク・ハーシュコビッツは居心地のいい仕事を捨てて、ベタープレイスの最高テクノロジー責任者になった。ベタープレイスのCEOは、彼の着任前から、取り組むべき挑戦を明確に掲げていた。「それまでの20年よりも、ベタープレイスの1年間で成し遂げたことのほうが多かった。私は石橋を叩いて渡るタイプじゃない。失敗してもとがめられなかったから、ものすごく速いペースで仕事ができたんです」

ここのメンバーは「リーダーより有能になる」よう促される。だから、リーダーに認められようと競争することなく、挑戦に没頭できる。その結果、個人も集団も能力が高まる。組織内に積み上げられた集合的な能力は、どれほど優秀なリーダーでもひとりでは絶対に突破できないことを可能にしていく。

ここから、重要な問いが導かれる。では、どうすればベタープレイスのシャイ・アガシやオラクルのレイ・レーンのように方向性を与えられるのか？　全能の神が挑戦者になるにはどうしたらいいのか？

挑戦者になるために

好奇心を持とう

挑戦者になるには、活発な想像力と本物の好奇心が不可欠だ。私たちは、リーダーシップの実践に関する48項目を使って、増幅型リーダーと消耗型リーダーの評価を分析してみたが、その結果は予想どおりで、増幅型リーダーが高い評価を得たのは「知的好奇心」だった。増幅型リーダーがメンバーの天賦の才を引き出すことができるのは、好奇心旺盛で学習意欲が高いせいだ。この好奇心が、組織としての貪欲な学習意欲となって表れるのだ。

増幅型リーダーの頭のなかには、常に「なぜ？」がある。彼らは可能性をとことん考える。周囲の人から学ぼうとする。どんな挑戦にも「不可能を可能にできないだろうか」という想いを抱いている。

私は今も、3歳の娘と一緒に散歩したころのことをよく憶えている。あのころは、目的もなく親子でただのんびり歩いたものだが、そんなとき、娘はきまってあれにもこれにも目をとめて、「なぜ?」と尋ねた。「なぜあの犬は吠えてるの?」「なぜこの道はでこぼこなの?」「なぜ車はびゅんびゅん走るの?」。問答はしばらく続いたが、そのうち、質問がだんだん難しくなってきた。私は答えに困り、いつまで聞くつもりかしらと少々うんざりしてきた。だが、あるときふと思いついた。散歩の間に、娘が何回「なぜ?」と聞くかを数えてみよう、と。興味が半分、イライラをつのらせないためが半分だった。さて、娘は何回「なぜ」と言ったか? 25回? とんでもない、私は80回までできたところで数えるのをやめた。

幼い娘と同じように、増幅型リーダーの心の奥にも好奇心が根づいている。挑戦者として行動する準備ができている。あなたも挑戦者になりたい? それなら、まず次のような一歩を踏み出すといいだろう。

はじめの一歩

①質問、質問、質問——組織の上層部などはとくに、絶えずメンバーから意見を求められ、質問攻めにされている。いきおい、いつも適切に答えを教えることが習慣になりがちだが、挑戦

者になるための第一歩は、質問に答えるのをやめること。そして問いかけることだ。

数年前、私は同僚のブライアン・スパウズに悩みを打ち明けた。いつも子どもたちに対して偉そうな態度をとっていて、そんな自分にイライラしているの、と。事実、まだ幼い子どもたちに、私は毎晩のように大声で命令していた。「早く寝なさい」、「やめなさい」、「パジャマを着なさい」、「歯を磨きなさい」、「おもちゃを片づけなさい」……。すると、小さな子どもがいたブライアンは、私の話をじっくり聞いてくれたあとこう言った。「リズ、今晩から挑戦してみたらいいよ。家に帰ったら、子どもたちに質問するんだ。命令はだめ。言い切ってもいけない。質問だけするんだ」。私はがぜん興味をそそられた。

彼は続けた。「子どもたちは、なにをすべきかよくわかっているんだよ」。そして、私がやってみると約束すると、こう注意してくれた。「質問だけだと居心地が悪いかもしれないが、最後までそれで通すんだ。少なくとも一、二時間は質問だけにするんだよ」

その夜のお休みの時間、私はさっそく子どもたちに聞いてみた。「今、なんの時間?」。子どもたちが答える。「お休みの時間」。さらに聞いた。「お休みの時間には、なにをするの?」。「パジャマを着て歯を磨く」。「そうね。お休みの準備ができたのは誰?」。すると、子どもたちは急いでパジャマに着替え、歯磨きをした。私はショックで廊下に立ち尽くした。その夜はずっとそんな感じだった。私が質問をすると、子どもたちが答え、自分から行動したのだ。

翌日、職場で私はブライアンにその驚くべき体験を報告した。彼は、毎日じゃなくてもいいから、無理のない程度に続けるよう勧めてくれた。私はそのアドバイスに従い、親としての自分のふるまいがすっかり変わったことを発見した。

それは、私の仕事のやり方にも影響した。私は多くのリーダーに同じ挑戦を勧めた。そして彼らが、話すより聞くことに重心を移すにつれて、リーダーシップのあり方が根本から変化するのを目撃した。誰もが、以前よりも周りの人の能力を引き出すようになったのだ。

全能の神から挑戦者に変わりたいなら、この「質問だけにする」という習慣にぜひ挑戦してみてほしい。まずは自宅で、すべての会話を質問だけにしてみよう。子どもやルームメートはいい実験台であり、いい教師だ。職場では、まず会議で質問だけしてみよう。きっと、みんながすでにどれだけよく知っているかがわかって驚くはずだ。

②バス旅行をする――ミシガン大学のノエル・ティシー教授は、挑戦の種を撒き、チームに市場ニーズを発見させた例を教えてくれた。主人公はトム・ティラー。彼がGEの家電部門を率いることになったとき、その部門は損失を垂れ流し、社員を削減し、何年も新製品を発表していないという状況だった。そこで、トムはなにをしたか？ 40人の経営チームを貸し切りバスに乗せ、アトランタで開かれていたキッチンとバスルームの展示会に連れていった。その目的は、トレンドとニーズを発見し、新製品とアイデアを生み出して、工場を維持することだった。目的は見事に果たされた。彼らはその後、新しい製品ラインを開発し、傾きかけた家電部門を立て直し、

1000万ドルの利益をもたらしたからだ。

現場体験にはさまざまな形がある。前述したように、ベニオン・センターのアイリーン・フィッシャーは、学生リーダーをスラム街に連れていき、貧しい人たちのニーズをその目で見させた。企業管理職であれば、工場を訪問して、自分たちの製品をどう作っているかを見てもいい。チームを地元のショッピング・モールに連れていき、消費者の買い物の様子を見せることもできる。

さあ、あなたもみんなとバスに乗ろう。対応すべきニーズを実際に見せよう。そのニーズを表に出し、活力を生み出し、組織に情熱の火をつけるような学習の機会を作ろう。

③全員で踏み出す――ビジネス界では、最初の成果を表現するさまざまな言葉がある。「初期の勝利をもぎ取る」、「象徴的な勝利を勝ち取る」、「目の前の果実を手に入れる」……。だが、ほとんどのリーダーはこれを少人数のグループで行なう。残念ながら、それでは経営陣の関心を惹くことはあっても、組織全体の関心を惹くことはできない。貴重な成果は、もっと広く大きく、目立つやり方で勝ち取るべきだ。たとえば、新しい技術を展示する部屋を設け、オープンハウスにする。あるいは、全社的なプロジェクトチームを組織して、重要な顧客を取り返す。組織全体で最初の第一歩を踏み出すのだ。みんなで一緒に行ない、全員が大きなことができると信じられるような結果を出そう。そうすれば、どんなに高い綱の上でも、重心を移動できるだろう。

元大統領のジミー・カーターは、かつてこう言った。「やるべき仕事に興味を持ち、興奮し、やりがいを感じていれば、必然的に最大限の力を注ぐものだ。興奮のなかでは疲れも消える。達成を目指す興奮が、疲労に打ち勝つのだ」

増幅型リーダーは、自分だけでなく、メンバー全員をそのような状態にする。

増幅型リーダーの方程式

「全能の神」から「挑戦者」へ

全能の神は自分の知識の豊富さをひけらかすような指示を与える。その結果、組織はリーダーがやり方をわかっていることしか成し遂げられない。上司の考えを憶測することに組織のエネルギーが消耗される。
挑戦者は自分の知識を超えて行動できるチャンスを人々に提示する。その結果、組織全体が挑戦を理解し、それを受け入れる集中力とエネルギーを持つようになる。

挑戦者の三つの実践

❶チャンスの種を撒く
- ニーズを見出させる
- 前提を疑う
- 新たな枠組みを示す
- きっかけを作る

❷挑戦を掲げる
- 具体的にひとつずつ
- 厳しい問いを投げかける
- 空欄を埋めさせる

❸自信を植えつける
- 目標を手に届く範囲に
- 道を示す
- 実行する人が計画する
- 小さな勝利を重ねる

挑戦者になるために

❶質問、質問、質問
❷バス旅行をする
❸全員で踏み出す

意外な発見

❶リーダーが明確な未来のビジョンを持っている場合にも、チャンスの種を撒くことの利点は大きい。
❷挑戦者の行動は多岐にわたっている。壮大なアイデアを発見し、大きな質問を投げかける一方で、ムーブメントを生み出すのに必要な具体的な行動へと結びつける。
❸不可能と思えることにはじめから挑戦させるほうが、簡単なことだけを頼むよりも歓迎される。

第5章

「議論の推進者」としての技法

議論しないで結論を決めるより、結論が出なくても議論するほうがいい。
――ジョセフ・ジュベール（フランスのモラリスト）

リーダーの意思決定の仕方は、メンバーの人材の巻き込み方や活かし方と大きく関わっている。消耗型リーダーはひとり、もしくは少人数の側近とで決定する。その結果、彼らはメンバーの能力を活用できないばかりか、その決定を実行できず空まわりしてしまう。一方、増幅型リーダーは、メンバーたちを議論に巻き込む。そこからよりよい決定を導き、同時に集合的な能力を育み、実行力を高める。

ソフトウェア企業で働くジョナサン・エイカーズは、企画部門の副社長としてグローバルな役割を任せられ、意欲に燃えていた。会社はそのころちょうど、中規模向けクライアントの市場で競争を繰り広げていた。ジョナサンの会社は大規模ビジネス向け市場で独占的な立場にあったが、市場支配と売上成長を求めて下位の市場に参入したのだ。最大のライバルは、小規模ビジネス市場を支配していた会社だった。この会社は逆に上位の市場をねらったことになる。中規模市場で勝つことはきわめて重要だったが、そのためには、これまでとはまったく違うビジネスモデルが必要とされる。それをやり遂げるのが、ジョナサンの役目だった。困難ではあったが、目に見える成果を上げるチャンスでもあった。

ジョナサンはまず、製品、マーケティング、顧客サービス、実務といった幅広い部門から、中規模市場を深く理解する人材を集めてチームを結成した。そして彼らを、シリコンバレーの洒落た本社ビルの最上階に集めた。そこには大会議室があり、ジョナサンが細長いテーブルの正面に座っていた。

プロジェクトチームのメンバーを前に、彼は挑戦すべきことを掲げ、課題を並べ、士気を高めた。CEOと上層部が、中規模市場での大幅な伸びを期待していることもはっきりと告げた。大きな賭けを突きつけられたメンバーは、データと分析を積み上げ、数週間でそれらをジョナサンに提出するよう求められた。

しかし、動きはじめたプロジェクトチームには、すぐに混乱が広がった。メンバーごとの役割がはっきりせず、チームの提案や決定がどのように実行されるのかも明らかになっていなかったからだ。ジョナサンは、チームの頭脳を活用するのではなく、自分のアイデアを示してメンバーに聞かせるばかりだった。彼はミーティングのたびに、ほとんどの時間を使って、自分の独善的な見解を長々と語り、偉人の発言を繰り返し引用した。メンバー全員から詳細なデータを集めていたにもかかわらず、それらはまったく共有されず、議論されることもなかった。あるメンバーはこう不満を漏らした。「頭脳明晰なチームメンバーからの報告を楽しみにしていたのに、ジョナサンの意見ばかり聞かされていました」

どのメンバーもすぐに、このミーティングが意思決定や提言の場でもなければ、個人やグループの考え方を試すような議論の場でもないことに気がついた。意思決定はすべて密室のなかの数名で行なわれていた。そしてある日、メンバーの努力からはなにも生まれぬまま、ジョナサンから突然「新しい価格モデルの発表」と題したメールが届いたのだった。

ジョナサンは、中規模市場についての全員の理解と前向きな展望を育てる代わりに、この市場で勝てるという幻想を生み出しただけだった。彼はそれからというもの、「時間を無駄にするリーダー」と言われるようになった。その影響は、彼が次にプロジェクトチームを招集したときにすぐ現れた。巨大な会議室のテーブルを囲む椅子は、ひとつおきに空いていた。結局、中規模市場のシェアを伸ばしたのはライバル会社で、ジョナサンの会社は撤退することになった。

残念ながら、このような事例は多くの組織で繰り返し起きている。ジョナサンのようなリーダーは、メンバーを集めて話し合おうとする一方で、組織の頭脳は限られた少数者が握っているというエリート意識で動いている。人間の能力に対する彼らの見方は浅い。まだ活用されていない頭脳が眠っていることや、能力は貢献と挑戦を通して伸びることが、彼らにはわからない。

あなたは「意思決定者」か「議論の推進者」か

対照的な意思決定法

ジョナサン・エイカーズのような消耗型リーダーは、聞くべき意見を持っているのはほんのひと握りの人だけだと思い込んでいる。第1章で紹介した、社員4000名のうち耳を傾けるのはひとりかふたりだと豪語したエグゼクティブのように。あのエグゼクティブはそれを公言したが、ふつうはもっと間接的な形をとる。たとえば、直属のメンバーに採用面接をさせながら、結局はお気に入りの人間を雇う。開かれた政策を謳っておきながら、高名なアドバイザーたちとの密室会議に多くの時間を割く。メンバーの意見を聞いて味方のようにふるまいながら、いざ重要な決定を発表する段になると、自分だけで行なう……。

一方、増幅型リーダーの思考はこれとはまったく違う。彼らは自分の知識に固執せず、メンバーの知識を引き出すことに力を注ぐ。みんなの力が集まれば、どんな問題も解決できると確信しているからだ。増幅型リーダーは、あらゆる人の考えを知りたがる。あるエグゼクティブは、夜遅くに12時間も議論したあとでなお、もうひとりだけ若いメンバーから意見を聞いたほうがいいと言い張った。結局、その意見が、目の前の問題を解決する重要な手がかりになった。

増幅型リーダーと消耗型リーダーの意思決定方法における根本的な違いは、この思い込みだ。耳を傾ける価値のある人間は数名しかいないと思い込んでいる消耗型リーダーは、意思決定者として行動するが、増幅型リーダーは、組織の頭脳を総動員する。全員の知見を役立てるために、彼らは進んで議論の推進者となる。すべての決定に全員の意見と議論が必要とはかぎらないことは彼らも承知しているが、みんなに影響のある決定に関しては、先頭に立って課題を討議し、個人の恣意にとらわない決断をする。

ブッシュとオバマはどこが違うか

ジョージ・ブッシュ元大統領とバラク・オバマ大統領には、重要な判断をくだす際の姿勢に、根本的な違いがある。

ブッシュ元大統領は、自らを「意思決定者」と位置づけている。タイム誌もまた、ひらめきによる意思決定を説明したマルコム・グラッドウェルの著書『第一感』（光文社）を引きつつ、ブッシュを「ひらめきの大統領」と呼んだ。

ワシントン・ポスト紙のボブ・ウッドワードとのインタビューで、ブッシュはこう語っている。「私は直感を信じる。ひらめきで判断するんだ。本を読んで勉強するタイプじゃない」。11時間におよぶインタビューを経て、ブッシュ大統領についての四部作を著したボブ・ウッドワードは、こう結論づけた。「ブッシュ大統領はせっかちなのだ。おそらく、宿題も苦手である。読んだり、人の話を聞いたり、議論したりするのも面倒なのだろう。しかし、大統領の仕事、国を治める仕事というのは、とくにこの国では宿題の連続だ」

トップによる拙速な判断の結果、アメリカは２００３年、イラク戦争に突入した。ブッシュ大統領は、その後の２００７年の増派時には、「時が変われば問いかけも変わる」として、安全保障チームに最初の占領を決定したときよりも厳しい質問をしたとされるが、記録によると、彼は増派を決めた重要な会議のいくつかに出席していなかった。この点について、ウッドワードには、「その会議には出ていない。そのほうがいいんだ。他にもやることがあるからね」と語ったという。

オバマ大統領は、それとは対照的だ。彼は、エイブラハム・リンカーンのやり方に従うと述べている。そのやり方とは、ドリス・カーンズ・グッドウィンがリンカーンについて描いた*A Team of Rivals*（邦題『リンカン 上・中・下』中公文庫）という本のタイトルに集約される。２００８年12月、オバマ大統領は安全保障チームのメンバーを紹介する記者会見を開いたが、そのなかには大統領選挙でしのぎを削ったヒラリー・クリントン国務長官がいた。また、このチームをライバル同士の争いとせずにどう機能させるのか、と聞かれたオバマ大統領は、次のように明言した。

私がこのチームを集めたのは、強い個性や強烈な意見を信じているからだ。これが最善の決断を導く方法だと私は考えている。私が歴史から学んだホワイトハウスの危うさのひとつは、大統領があたりさわりのない意見に囲まれ、みんながなにごとにも賛成し、議論や反対意見が生まれないところにある。私はホワイトハウス内での活発な議論を歓迎する。もちろん私は大統領として政策を作る。このチームのビジョンに責任を持ち、いったん決断がくだされれば、彼らがそのビジョンを実行してくれることを期待する。

２００９年３月28日付のニューヨーク・タイムズ紙では、オバマ大統領による外交政策の決定過程が紹介された。描かれていたのは、ホワイトハウス内で交わされたアフガニスタンへの増派計画に関する議論の概要だった。「過去数週間にわたる議論を通じて、オバマ大統領がどのように意思決定するかを垣間見ることができた」とヘレン・クーパー記者は書いている。その議論の末、最終的には、「政策顧問たちの相反する議論のすべてが反映された」案となったという。また、デビッド・ブルックスは、オバマ大統領の外交政策の決定方法についてこう著した。

大統領選挙は、情熱的な群衆を中心に展開された。オバマ大統領のホワイトハウスは、議論の文化を中心に形成されている。彼は長く分析的な議論を先導し、そこでは相反する意見も表に出る。大統領はときに裁判官のように、それらの議論を収めているように見える。

オバマ大統領は異なる考え方を取り入れることに努め、その政策はしばしば両者のバランスをとるものになっている。ふだんは彼が命令を発することはない。その流儀がこれまでになく表に出たのが、アフガニスタンへの増派を決定したときだった。

ブッシュとオバマの姿勢の違いは、意思決定者と議論の推進者の違いである。その長期的な影響は、歴史が教えてくれるだろう。

「議論の推進者」とは?

第1章に登場したマイクロソフトのルッツ・ジオブは、議論の推進者として考え、行動し、意思決定をしている。

2003年に、ルッツがマイクロソフトの教育事業を引き継いだとき、この部門では、他社と同じように、企業研修パートナーを通じて週に五日インストラクターを派遣して授業をする、というサービスを提供していた。だが、売上も顧客数も目標に届きそうになかった。

今すぐに売上成長と利益回復を成し遂げると同時に、できるだけ多くの顧客を獲得するという二重の課題に直面していたルッツは、選択を迫られた。今までどおりのサービス内容でふたつの目標を追求するべきか、それとも大胆でリスクのある、新しいサービスを進めるべきか。

柔らかなドイツ訛《なま》りの英語を話すルッツは、めずらしく情熱と謙虚さを併せ持つ人物だった。また、テクノロジー分野の教育事業で豊富な経験を持ち、戦略と事業運営の両方に優れていた。そんな彼が、チームに多様な人材を集めたのは当然だった。そのうちの数名は、マイクロソフトのベテランスタッフだった。他の世界的なテクノロジー企業で教育事業の豊富な経験を持つ人もいた。以前の仕事や専門の境界を広げるよう、新しい役割を任された人もいた。

ルッツと15分も向き合えば、その膨大な知識から彼自身に意思決定の能力が十分あることはすぐわかる。課せられた責任の重さを考えれば、そうしたい誘惑に引きずられても不思議はない。だが、ルッツは議論を好んだ。決定の重要性が高いときほど、意思決定のプロセスをより厳格にし、多くの人が参加すべきだと信じていた。だから、彼はメンバーにある挑戦を求めた。

まず、彼はリーダーチームを集めて尋ねた。事業の対象を企業から学校関係に切り替え、企業研修ではなく教育機関への提供に切り替えたほうがいいのだろうか？　しかしその場合、顧客を大幅に増やすという目的のために、既存のビジネスモデルを危険にさらしていいのだろうか？

そのうえで、チームに宿題を与えた。数週間後、ワシントン州レッドモンドのマイクロソフト本社に近いオーカス島で、ミーティングを開く。ついては、そこに集められるかぎりの情報を持ち寄ってほしい、と。そこから学校市場についての見解をまとめていこうと言ったのだ。

オーカス島には、素晴らしいロケーション、ペンとホワイトボード、そして大きくて明るくて開放的な会議室が待っていた。しかし、メンバーにとってなにより魅力だったのは、考える自由が与えられていたことだった。誰もが準備万端だった。ルッツは簡単に課題をまとめると、すぐに本題に入った。「もうわかっていると思うが、現在の3億ドルの教育事業の売上は、おそらく時代遅れのモデルに基づいている。今のビジネスモデルに固執するか、それともまったく新しいモデルを導入、つまり企業から教室へと軸足を移し、学生たちを早めに取り込むかを決めなければならない」

続いて、議論の枠組みを設定すると、こう念を押して議論の口火を切った。「君たちのいちばんいいアイデアを聞きたい。全員に自由に発言してほしい。いや、むしろ意見を出す義務があると思ってほしい。徹底的な議論を期待している。思い込みを疑い、厳しい質問を自らに投げてほしい」

メンバーが意見を交わす間、ルッツは意見を述べる代わりに、いくつかの問いかけをして議論を盛り上げた。議論が妥協点に達しそうになると、さらに厳しい問いかけをし、逆サイドに立って自分の意見に反対してみることも求めた。「クリス、ラザと入れ替わってみてもらえないか？ラザ、君はこのアイデアに賛成していたね。今度は反対意見を言ってほしい。クリス、君は今度は賛成するんだ」。はじめはぎこちなかったが、彼らはすぐに逆の見方で問題を考えはじめた。

さらに、ルッツはメンバーの視野を広げるために、専門領域以外のことも考えさせた。「テレサ、君は国際的な視点から意見を述べてくれたが、今度は国内の立場に立ってくれ」、「リー・アン、君は技術的な課題に注目しているね。次はマーケティングの立場で議論してほしい」。すると、たちまち別の議論が盛り上がった。異論や反論を好むルッツは、議論が盛り上がらず、火花も散らないと、目に見えてがっかりした。

こうして、チームはルッツのもとで、深い考えや自分たちと違うものの見方に熱心に耳を傾けるようになった。互いの前提を疑い、自分の思い込みも見直した。いつもの社内ミーティングで見せるような礼儀正しい職業的な態度は捨て、果敢な姿勢で挑戦に応じた。それは、リスクの高い決断へのリスクの高い取り組み方だった。

そして最終的に、彼らは学校市場を追いかけることを決めた。そこから2年かけて、事業の軸足を学生と教師へと移した。その結果、顧客は1500の企業研修パートナーから、4700の学術パートナーへと拡大した。2年間で三倍の規模拡大だった。黒字化も果たし、今では学校市場がこの事業部最大の原動力となっている。

ルッツは議論を偶然に任せなかった。議論を起こすだけなら簡単だ。だが、活発な議論を呼ぶのに肝心なのは、意図的なアプローチである。ルッツにはそれがわかっていた。

議論の推進者の三つの実践

消耗型リーダーは課題を挙げ、議論を独占し、決定を強いるが、増幅型リーダーはそれとはまったく違う、三つの意思決定方法を実践している。すなわち、①問題の枠組みを示し、②議論を盛り上げ、③「開かれた決定」を徹底する。それぞれを詳しく見ていこう。

①問題の枠組みを示す

議論の推進者は、実りある議論の秘訣は始まる前の〝お膳立て〟にあると心得ている。だから彼らは正しい質問をし、適切なチームを形成し、全員が参加できるような問題の枠組みとプロセスを示す。この一連の流れは、具体的には次のようになっている。

質問を定義する

革新的なことで有名な世界的デザインコンサルティング会社、ＩＤＥＯの社長兼ＣＥＯティム・ブラウンは、こう言った。

リーダーとしておそらくもっとも大切な役割は、正しい質問をし、正しい問題に注目することでしょうね。仕事をしていれば、どうしても目の前の問題やその処理に追われがちになりますが、リーダーにとって、どれほど創造性があるかとか、どんなにいい答えを思いつくかといったことは、さほど重要ではありません。間違った質問に目が向いていれば、リーダーの役割は果たしていないことになるのです。

増幅型リーダーには、質問の枠組みを提示する独自のノウハウがある。彼らは、さまざまな要素をふるいにかけて正しい課題を発見し、適切な質問をすることに時間を費やす。たとえば、次のようなことだ。

- 組織の古いパターンや考え方に潜む思い込みを掘り起こし、それを疑う
- 意思決定の際に検討すべき根本的な対立項目やトレードオフを表に出す
- メンバーに事実を検証させ、現実に目を向けさせる
- 課題を多角的に見るよう促す

ティム・ブラウンはこうも言った。「正しい質問は、地面に転がっているわけではありません」。

正しい課題を見つけ、正しい質問を提起し、他者に答えを見つけさせることは、増幅型リーダーの重要な役割である。

「正しいメンバー」でチームを作る

増幅型リーダーは、「正しいメンバー」を参加させることで、質の高い議論を引き出している。正しい参加者とは、次のような人だ。

- 課題に関する情報を提供できる知識や洞察を持った人
- 決定に影響を受ける利害関係者
- 決定の結果を左右するような責任を担う人

データを求める

増幅型リーダーは議論の前に、意思決定のために収集し、分析すべきデータを特定している。そしてメンバーには、議論に貢献できるような情報を持って参加するよう求める。アップルのティム・クックはCOO時代、重要な判断のためにチームを集めるときは、かならずメンバーに前もってデータの収集と分析を徹底的にさせていた。また、メンバーは全員、意見を言うときに単なる意見ではなく、事実による裏づけを求められた。ティムの経営チームのひとりは、念のために箱いっぱいの裏づけデータを持って議論に参加することで知られていたほどだ。

決定方法を示す

議論の推進者はミーティングの前に、なにを論じるべきか、なぜそれが大切なのか、どのように最終決定がなされるかをはっきりと示している。

なにを——増幅型リーダーは、どの質問に答える必要があるかを明確に示す

なぜ——増幅型リーダーは、議論を必要とする背景になにが起きているのかを明らかにし、その重要性もはっきりさせる

どのように——増幅型リーダーは、最初に時間をとって意思決定のプロセスを説明し、自分を含めて役割を決める。そして次の問いに答える

- 決定までの期間は？
- 提案をあげるのは誰？
- 最終的に決定をくだすのは誰？

このように課題の枠組みを示せば、全員がその重要性、自分たちに期待されていること、組織

全体に求められる率直さを理解できる。

マイクロソフトのルッツは最近、厳しい予算削減の決断を迫られてメンバーを集めた。そのときのことを、経営チームのメンバーはこう語った。「ルッツは最初に、『我々は、予算を二割削減するにはどうするのが最善策か、という厳しい質問に答えるためにここにいる』と言いました。それから、行動を起こすことの必要性を説明したのです。なにも隠しませんでした。情報を抱え込むこともありませんでした。本社が一定額の予算削減を求めたことと、その理由を率直に語ったのです。そのあとで、今後の手順を説明しました。まず、各自がどの費用を削減すべきかとその理由を挙げる。そして十分な議論を行なったうえで、ルッツが最終決定をする、と。彼が説明したあと、2時間を超える議論が繰り広げられましたが、その間ルッツはファシリテーターに徹し、全員にとことん問題を話し合わせました」

きわめて重要な意思決定においてこそ、議論の推進者は全員に最高のアイデアを求める。課題の枠組みが適切に定義され、議論の主題が明確であれば、メンバーの頭脳は最大限に活用される。

増幅型リーダーは、時間をかけて課題を準備し、枠組みを提示することで、消耗型リーダーよりも多くの能力をメンバーから引き出している。メンバーが頭脳を浪費しないよう、熱意を空まわりさせないよう、増幅型リーダーは常に気を配っている。彼らは議論を愛し、目的を持って議論する。議論からなにを得たいか、メンバーからなにを引き出したいかも明確になっている。

②議論を盛り上げる

増幅型リーダーは議論を盛り上げる。企業経営陣の研究やエグゼクティブへのコーチングを通じて得た、議論を盛り上げるポイントは次の四つだ。

- 全員参加：質問に説得力と重要性があれば、全員が参加する
- 包括的：正しい情報が共有されれば、問題への包括的で集合的な理解が生まれる
- 事実に基づく：議論が単なる意見ではなく、事実に深く根づいている
- 学び：議論の勝ち負けよりも、そこで学んだことにメンバーが注目する

さらに、こうした要素を含む議論を実現するには、陰と陽のふたつのカギがある。第一のカギは陰、すなわち安全を確保すること。第二の要素は陽、すなわち厳しく突きつめることだ。増幅型リーダーは、この両方を行なっている。

陰＝安全を確保する

最高のアイデアを引き出すためには、恐れを取り除かなければならない。増幅型リーダーは、メンバーにもそのアイデアにも疑いを抱かない。メンバーの行動を抑えることもない。いずれも、

メンバーの恐れをなくすための配慮だ。ある上級管理職はこう語った。「リーダーのアミットは、断固とした意見を持っていますが、議論の前にそれを打ち出すようなことはありません」。こうも言った。「アミットは自分が思っていることを隠しません。メンバーの意見を尊重しながらも、理屈が通らないと思えば躊躇なく正直にそう言います。私が自分の考えを彼に話して問題になったこともありません」

別のエグゼクティブは、頭が良く意志も強いことで知られていたが、周囲に怖がられてもいた。だが直属のメンバーは、最近の彼女の変化に気づいた。「ジェニファーはあるときから、みんなで議論している間は自分の意見を抑えるようになりました。チームの全員に意見を言うチャンスを与えて、自分の意見は最後に言うんです」

増幅型リーダーは安全を確保しながら、現実に基づいた厳しい議論を行なうよう促しつづける。全員がシートベルトをつけていることを確認してから、アクセルを踏み込むのだ。

陽＝厳しく突きつめる

増幅型リーダーは、従来のものの見方を疑うような問いを発する。組織の前進を防ぐような思い込みを表面化させる質問を投げかける。そうやって、メンバーにより真剣に、より深く考えさせる。

増幅型リーダーは証拠を求める。根拠のない意見や感情的な議論には流されない。意見を裏づける根拠、意見をくつがえす根拠を求めつづける。

増幅型リーダーは、多面的な議論を促す。チームが拙速に合意に向かっているときには、一歩引いて別の見方をするよう導く。あえて反対意見を言うこともある。いずれも、あらゆる議論が出尽くすことを確かめるためだ。

ヨーロッパのあるオンライン小売店で、新しい機能を加えるかどうかを経営上層部が議論した。新機能を強力に推す声が強かったが、ＣＥＯは直感だけでは満足しなかった。全員でより厳密に考えることを望んだ彼は、新たな機能が実際どのように売上の増加につながるかを経営チームに問うた。そして、チームから返ってきた主観的な意見に対しては、事実の裏づけとなるデータを求めた。さらに、チームが事実関係を掘り下げ、分析を要約すると、もう一歩踏み込むことを課した。国別の分析をしたうえで、データをふまえて答えを出すよう促したのだ。

当時の経営陣のひとりは、「全員が自分の意見に責任を持たなければなりませんでした」と語った。一人ひとりがこの問題と格闘した結果、彼らはまだ情報不足で判断できないという結論に落ち着いた。必要な追加データも探しだした。このＣＥＯは、厳格かつ健全な意思決定を求めて、議論を深めつづけた。

そのときの経営チームのひとりで、のちにネットスケープのＣＥＯを務めたジム・バークスデールは、こう言ったことで有名だ。「君たちが事実を示さないなら、私の意見を通すだけだ」

アフィメトリクスのスー・シーゲル社長も、２００１年に重要な決断を迫られた際、事実の力

「議論の推進者」が実践していること

最高のアイデアを引き出すために安全を確保する（陰）	●全員の意見を聞いてから自分の意見を発する ●反対の立場で考えるよう促す ●多角的な視点を与える ●事実に目を向ける ●問題と人を切り離し、感情を抑える ●組織階層や肩書を超えて考える
厳しく突きつめる（陽）	●厳しい問いを投げかける ●根底にある思い込みを疑う ●データのなかに根拠を求める ●人ではなく問題を追求する ●根本的な原因が表に出るまで、「なぜ」と繰り返し聞く ●両方の立場で平等に議論する

と率直さによって、組織の能力をフルに開花させた。

科学者向けに複雑な遺伝子情報を分析する、マイクロアレイ技術の開発で知られるアフィメトリクスは、３年前に上場を果たし、社員は８００人まで増加した。だが、社長のスーは不吉な報告を受けた。自社のジーンチップというシステムが、アプリケーションの一部で不正確なデータを示す可能性がある、と顧客から指摘されたという。彼女は社長として、今後数年にわたって自社に影響を与える大きな決断をくださなければならなかった。製品をリコールすべきか？

スーは生命科学業界のベテラン経営者で、この根底にある技術と問題にも精通していた。だがこのとき、彼女は自分の理解に頼らず、すぐさまこの問題にもっとも近い人たちのところに行くと、あなたたちの知見が必要だと訴えた。

続いて、複数の職階と経営陣を交えた大規模な会議を招集した。スーはそこで問題の深刻さとそれが自社に与える影響をまとめたうえで、いくつかのシナリオを挙げ、質問をしはじめた。あらゆる角度からこの問題を徹底的に考え、結論を出すことを求めたのだ。「顧客への影響は？」「法的な責任は？」「収益への影響は？」……。データと推奨案を求めるスーに対して、社員の代表である参加者は、2日にわたって討議を重ねた。その後、何度かの議論を経て経営陣も加わってもらい、最終的に、全員で製品のリコールを決断した。

翌日、スーはカリフォルニアに飛び、高級リゾート地で開かれるゴールドマン・サックスのカンファレンスに出席した。1000人のアナリスト、株主、業界の専門家を前にして、自分たちのミスとリコールの決断を発表するためだった。

リコールはこの若い企業の財務に打撃を与えた。2四半期にわたって時価総額は減少し、ウォール街は手のひらを返したように彼らを敬遠した。しかし、この選択をした社員たちは、信念を持って行動し、顧客と市場に説明しつづけた。結局、それがこの会社の市場での地位回復を早め、時価総額も以前をしのぐまでになった。つまり、リコールがターニングポイントとなり、顧客との関係は深まり、社員の知見はより尊重され、それが会社の伝統になったのだ。

リコール後の4年間、スーが率いるアフィメトリクスは売上を伸ばしつづけ、市場の収益予想を上まわる実績を残した。

③「開かれた決定」を徹底する

増幅型リーダーは、明確な終わりを目指す。その終わりとは、健全な意思決定だ。彼らはこれを次の三つの方法で確実に行なっている。

意思決定プロセスを改めて明確にする

増幅型リーダーは、主要なアイデアと議論の結果を取りまとめ、次のような疑問に答えることで、そのあとの展開を改めて周知させる。

- 今この場で決断をくだすか、さらに情報が必要か？
- チーム全員で決定するか、リーダーが最終判断をするか？
- チームの判断だとすれば、メンバーの意見の違いをどのように調整するか？
- 議論で出たことによって、意思決定のプロセスは変わるのか？

ある管理職は、最終判断のプロセスを常にはっきりさせていた。「アリソンは、誰がいつ決定をくだすかを、いつも明確にしていました。だからメンバーたちは、どのように最終判断がなされるかについて疑心暗鬼になることがなかったのです」

増幅型リーダーは、メンバーのアイデアと努力がどう帰結するかをいつも明らかにしている。終わりがわかっていれば、誰もが自分たちの努力は無駄にならないと安心でき、持てる力を出し切ろうとする。終わりをはっきりさせることで、増幅型リーダーは一度ならず何度も、メンバーから100パーセントの貢献を引き出しているのだ。

恐れず決断をくだす

増幅型リーダーは、集団からアイデアを引き出してそれを活用するが、かならずしも合意を重視するわけではない。全員一致を目指すこともあるが、自分が最終決断をくだすこともいとわない。

ある世界的なテクノロジー企業で新興国を担当するマネジャーは、こう語っていた。「リーダーのクリスは、グループでの決定と合意を望んでいましたが、同時に現実的でもありましたね。だからときには、早さを優先して自身で最終決定をしたり、明らかにその問題に詳しい人に決定を委譲することもあったんです」

決定内容とその理由を知らせる

目的を持って徹底的に議論する利点のひとつは、決定したことを実行する際に支援と勢いが生まれることだ。徹底的な議論をすれば、メンバーは根本的な問題とチャンス、そして変化の必要性を深く理解できる。一人ひとりが決定に責任を負うようにもなる。みんなで出した正しい結論であれば、それだけ正しく実行する可能性は高まるわけだ。

ルッツは、大会議室でしょっちゅうグループ討論をした。そのため、この会議室はいつしか「劇場」と呼ばれるようになった。この「劇場」は他の会議室と同じで、大きなテーブルの周りを参加者が囲む形だったが、椅子の数は他の部屋の二倍あった。この部屋では、誰でも議論を見学することができた。あたかも大学病院の手術の見学のように。議論を見学した人は、問題をより深く理解できた。おかげで、結論に達した時点ですでに、組織のすべての階層の社員に実行の準備ができていた。

この「劇場」はまた、いつか見学者自身が議論の席に着くことになったとき、なにが期待されているかを知る役にも立った。医大生が手術のやり方を学ぶようなものだ。

消耗型リーダーは議論を避ける

消耗型リーダーは、広く組織全体の能力を引き出すよりも、自分の主観だけを頼りに急いで決定をくだしたがる。

先ほど説明したルッツの「劇場」とは対照的に、私の知り合いの消耗型リーダーは、内輪の人間だけで、自分の部屋の小さなテーブルを囲んで議論し、決定をくだしていた。そのテーブルの外側には部下が立ったままで黙々とノートをとっていた。それを見た私は、立ったままひと言も口をきかなかった人たちに、どう思っているのかを聞いてみた。すると、「もちろん決定には参加しないし、座らせてももらえません。僕はただリーダーがあとで指示を繰り返さなくていいように、ノートをとるだけです」という答えが返ってきた。彼らは、手術を見学しているというよりも、大講堂で講義を聞いているといったほうが近い。

消耗型リーダーの議論の姿勢には、三つの特徴がある。

あら探しをする——なにか問題が起きると、消耗型リーダーは課題や決定を掲げてメンバーの注意を惹くものの、メンバーが解決しやすいようにそれらを整理することはない。総じて彼らは、意思決定の方法やその理由を示す代わりに、あら探しに熱中する。ある経営幹部は、毎週のスタッフ会議でかならず、本質的でないさまざまな問題を指摘した。メンバーのひとりは言う。「あるときなど、その幹部がやってきて、1時間も延々と、人間工学的に健全なキーボードの問題点を指摘していました。彼は熱心で頭も良かったけれど、あれもこれもごちゃ混ぜでしたね。私たちは百万通りもの方向に、1ミリずつ進んでいるようなものでした」

議論を支配する――消耗型リーダーは、議論の際に自分の考えばかり語って場を支配する。議論はするが、議論の推進者ではない。先ほど登場したジョナサン・エイカーズと同じで、適任者を集め、データを収集しても、議論を盛り上げることはない。自分が議論を支配し、メンバーの能力と情熱を台なしにしてしまう。

決定を押しつける――消耗型リーダーは、決定を促すのではなく、押しつける。あるプロジェクトチームの会議で議論を独占しつづけ、強引に結論を押しつけようとしたリーダーは、こう言った。「この仕事をグローバルレベルで中央に集中させる方向で、全員が賛成してくれたと思う」。だが、どうみても誰も賛成していなかった。みんなが戸惑っていると、ひとりの勇敢な女性が沈黙を破った。「ジョー、違います。あなたの意見は聞きましたが、私たちは賛成していません」

消耗型リーダーのやり方は一見、効率よく見える。しかし、そうではない。少数の能力を活用するだけで、徹底的な議論を避けていると、組織の大部分は置き去りにされて決定の重要性を理解できない。決定を支える前提や事実も明らかにされない場合、メンバーはそれを実行するよりも、その決定自体に疑いを抱くようになる。結果として、消耗型リーダーのもとでは人材が活かされぬまま、流出してしまう。

「意思決定者」と「議論の推進者」はどう違うか

意思決定者		議論の推進者	
行動	結果	行動	結果
●内輪の限られた人間しか意思決定プロセスに関わらない	●人材のほとんどは浪費され、少数の選ばれた人たちが過剰に働かされる ●現場にもっとも近い人からの情報がなく、判断が偏る ●なぜその決定を実行すべきかをしっかり理解していない人たちに多くの経営資源が浪費される	●結論を出す前に、厳格な議論を通して幅広い考え方をつのる	●人材のほとんどを活用できる ●健全な決定に必要な、本当の情報が手に入る ●決定を深く理解している人たちによって、決定したことを効率よく実行できる

議論を盛り上げることの真意

増幅型リーダーが議論を盛り上げるのは、メンバーをいい気分にさせたいからではない。持てるすべての知力と能力を活用して、よりよい決定を引き出し、確実に実行したいからだ。

世の多くの「意思決定者」は、自分の抱える人材、能力、情報をフルに活用できていない。それらは組織のなかでただ浪費されている。それなのに頭数は求めつづけ、生産性が低いのはなぜなのだろうと首をかしげている。

その点、「議論の推進者」は周囲の人から最高のアイデアを引き出し、議論を通じて個人やチームのアイデアを育てている。徹底的に議論をし、事実と課題を浮かび上がらせる。メンバーは互いに耳を傾け、学ぶようになる。その結果、議論の推進者は今ある人材の能力をフルに引き出し、組織全体の能力を伸ばすだけでなく、次の挑戦への取り組みも可能にしている。

しかし、そうなるとここでまた疑問が生まれる。マイクロソフトのルッツやアフィメトリクスのスー・シーゲルのような議論の推進者になるには、どうすればいいのだろう？

議論の推進者になるために

私たちの経験と調査でわかったのは、「消耗型リーダーは増幅型リーダーに変われる」ということだ。ただし、小手先でリーダーシップの手法をいくつか取り入れる程度では変われない。本当の変化は、リーダーが自分の役割を違う視点で見はじめたときに起きる。

数年前、私はある小学校で読書会のリーダーを務めたことがある。子ども向けの文学作品をひとつ読んだ三年生の、議論のまとめ役をしてほしいという。会の目標は、物語の意味を深く考え、軽く友だちと話し合うこと。簡単そうだった。なにしろ私はプロのファシリテーターだ。だから、軽いボランティアのつもりで引き受けたのだが、実際には一日がかりの研修に送られて、そこで「共通の質問」というテクニックを教わることになった。
「共通の質問」は、簡単だが効果的なテクニックだった。ルールは次の三つだ。

①議論のリーダーに許されるのは質問だけ。答えを与えるのも、自分の解釈を述べるのもダメ。生徒がリーダーの答えに頼らないようにするためだ。

②生徒は自分の意見を裏づける根拠を示すこと。たとえば、ジャックが三度目に豆の木に登ったのは負けず嫌いだったからだと言いたいなら、本のなかからその意見の根拠となる文章を見つける必要がある。

③全員が参加しなければならない。リーダーは、全員に話す時間が与えられるように気を配る。押しの強い人を抑えたり、臆病な人に積極的に発言させるのもリーダーの役割だ。

議論のリーダーでありながら、質問だけして答えないというのは新鮮な体験だった。やってみると、予想外に効果があった。物語への意見と解釈を意気込んで話す生徒の目をのぞき込んで「それを裏づける証拠はあるかしら？」と聞くときにはドキドキしたし、生徒も最初は戸惑っているようだったが、すぐに、意見を言うときには根拠がいるのだと気づいてくれた。

生徒が意見を言い、私が（厳しい顔で）「その根拠は？」と聞く。すると、どの子も自分の意見を裏づける文章を急いで探し出し、鼻高々に引用した。全員が順に指名され、全員が意見を言い、データによってそれを裏づけることを学んだのだ。

このときの経験で、効果的な議論を生み出すには方程式がある、という私の確信はいっそう強まった。

リンドン・ジョンソン政権で副大統領を務めたヒューバート・H・ハンフリーは、かつてこう言った。「自由とは、議論、反論、討論という土台のもとに築かれる」。増幅型リーダーの意思決定における原則そのものである。

増幅型リーダーの方程式

「意思決定者」から「議論の推進者」へ

意思決定者は少人数の内輪の人間で効率よく結論を出すが、組織の大部分を置き去りにするため、決定の健全性が疑われ、実行にいたらない。
議論の推進者は人々を議論に引き入れ、それがよりよい決定につながり、理解と実行が進む。

議論の推進者の三つの実践

❶問題の枠組みを示す
- 質問を定義する
- 「正しいメンバー」でチームを作る
- データを求める
- 決定の方法を示す

❷議論を盛り上げる
- 安全を確保する
- 厳しく突きつめる

❸「開かれた決定」を徹底する
- 意思決定プロセスを改めて明確にする
- 恐れず決定をくだす
- 決定内容とその理由を知らせる

議論の推進者になるために

❶厳しい問いを投げかける
❷根拠を示させる
❸全員を参加させる

意外な発見

❶リーダー自身に強い意見があってもいいが、メンバーの意見を受け入れるような議論を促さなければならない。データがカギになる。
❷議論の推進者は最後に自分で決定をくだすこともある。彼らは全員の合意にこだわるわけではない。
❸徹底的な議論がチームを引き裂くことはない。むしろチームの構築につながり、チームをより強くする。

第6章 「投資家」としての技法

船を作りたいなら、男を呼び集め、木を持ち寄り、仕事を分担しなければならない。命令は御法度だ。代わりに、男たちに壮大で終わりのない海の魅力を教えるのだ。

――サン=テグジュペリ

マッキンゼーのソウル支社の夜中すぎ。ある会議室の電気だけがついている。集まっているのは、二日後にアジア最大級のクライアントに向けて重要なプレゼンテーションを控えたチームの面々だ。リーダーは、才能にあふれ、メンバーの尊敬を集めるヒュンジである。その夜は、ソウル支社のパートナー、チェ・ジェもいた。クライアントに対する最初の重要なプレゼンテーションの締め切りが迫っていることを知ったジェは、なんとかそれを成功させる力になりたいと考え、やってきたのだった。

ホワイトボードの前には、ヒュンジが立っていた。チームは、先週判明した新たな事実に基づいて作った最新のストーリーを検証していた。クライアントに変革をアピールするメッセージのなかに、どうにかしてその新事実を組み入れたかった。ジェは注意深くメンバーの議論に耳を傾け、多くの質問を投げかけた。それが彼のいつものやり方だった。

だが、次第にみんなが行き詰まってきた。ヒュンジはこの難題に筋道立てて取り組もうとしていたが、ついにジェに絶望的な視線を向けると、「助けてください！」と言った。同じようなプロジェクトに数えきれないほど関わってきたジェは、かつて何度もヒュンジのような立場に立たされた。だからこそ、今ならわかる。細かいことに消耗しているチームには見えないことが、ジェには見えていた。

ジェはいくつかの課題をチームに投げると、立ち上がってヒュンジからホワイトボードのマーカーを受け取った。そしてボードに向かい、テーマをいくつか書き出し、異なる角度から事実を見るよう促した。新鮮な視点に刺激を受けたメンバーは、深夜にもかかわらず、そのアイデアを検証し、前に進め、発展させていった。

彼らの議論を聞いているうちに、ジェには新しいプレゼンテーションの流れが思い描けてきた。ホワイトボードにそれを書き出すこともできた。実際、一瞬、チームに最終形を見せてあげたいという気持ちに駆られた。そうすれば、みんな家に帰って休むことができる。助言者としてのジェは、ストーリーを完成させて仕事を終えろと告げていた。

だが、リーダーとしてのジェが、その誘惑に抗うべきだと言っていた。結局、ジェはホワイトボードに書くのをやめ、ヒュンジに向かって新しい方向でいいと思うかと確かめた。そして、彼が笑顔を浮かべているのを見てこう言った。「オーケー。新しいアイデアが出たようだな。その線でなにができるかもう少し考えてみよう」。ジェはヒュンジにペンを戻した。ヒュンジはふたたびリーダーとしてチームを導き、素晴らしいプレゼンテーションに仕上げていった。

あのとき、もしジェがプレゼンテーションを完成させていたら、自分を英雄《ヒーロー》のように（そして何歳か若返ったように）感じただろう。夜も遅くなっていたことだし、チームもジェにそうさせたほうが楽だったはずだ。だがそれ以上に、メンバーとその成長に投資すべきだという想いが強かった。ジェはこう振り返った。「割り込んで教えることも指導することもできるけれど、いつかはペンを返さなくちゃならない。ペンを返せば、メンバーが責任者になる」

チームが道をはずれてしまったとき、あなたならどうするだろう？　主導権を握るだろうか、それとも援助にまわるだろうか？　ペンを受け取って自分のアイデアを付け加えたら、そのペンを返すだろうか？　それとも自分のポケットに入れたままにするだろうか？

増幅型リーダーは、他者の成功に投資する。メンバーを助けるために飛び込んで、ときにはアイデアを与えるものの、その責任はかならずメンバーに返す。

そうしなければ、依存体質の組織になる。それは消耗型リーダーのやり方だ。消耗型リーダーは飛び入りでチームを助け、自分ひとりの力で結果を出そうとする。もちろん、それではダメだ。増幅型リーダーは、結果に対する責任をメンバーに持たせ、成功に投資する。そうやってチームを独立させる。緊急時にいつも自分が助けに入れるとはかぎらないが、メンバーが自立していれば、リーダーがいなくてもやっていける。

ここで、ある疑問が浮かんでくる。増幅型リーダーが頭上を照らしてくれないメンバーはどうなるのか？　この章で、この興味深い質問に答えたい。

あなたは「マイクロマネジャー」か「投資家」か

増幅型リーダーは投資家のようにふるまう。リーダーがいなくても結果を出せるよう、経営資源を投入してオーナーシップを植えつける。単なる慈善ではなく、投資し、結果を期待するのだ。

全国大会優勝をもたらしたもの

ラリー・ゲルウィックスがラグビー場の脇に立っている。彼は、自分が監督を務める高校のチーム練習を見ながら、初めて全国優勝に導いたチームのことを思い返していた。あのころは夜明け前に起き、ともに練習したものだ。ラリーはつぶやいた。「あれはあれだ」

いや、このチームも悪くない。強くなってはいる。だが、以前のチームのようなスタミナがなかった。ラリーはできることは全部やった。選手たちにも何度となく問題点を指摘した。それでもだめだった。ついには、グラウンド練習をやめ、体力トレーニングに集中させてもみた。チームの技術力が後退するリスクもあったから、ラリーにしてみれば賭けだった。だが、やっぱりだめだった。いくら怒鳴っても、最初の一日か二日しか効果が出ない。彼はコーチの耳元でこう言った。「キャプテンたちに任せよう」

翌日、ラリーは黒板に近寄ると、左の端から右の端まで線を引いてこう言った。「決勝まであと六週間だ。優れたアスリートでも持久力をつけるのに六、七週間はかかる」。コーチとポジション別のキャプテンは、ラリーの一言一句に耳をすませていた。「もしそれができれば、全国大会で勝てる。だができなければ、そこまで持たないだろう」

さらにこう続けた。「選択肢はふたつだ。コーチがいい方法を見つけるまで試行錯誤を続けるか、キャプテンのおまえたちが責任を持ってやり方を見つけるか。さあ、どっちがいい？」

全員が押し黙ったが、次の瞬間、バックスのキャプテンがこう言った。「自分たちでやります」

するとラリーは言った。「今までは私が責任者だったが、いったん引き受けた以上、ここからはおまえが完全にその責任を背負うことになるんだぞ。二週間後に、どうなったか報告してくれ。私たちは口をはさまないから」

キャプテンたちは互いを見つめ、無言でうなずいた。今度はフォワードのキャプテンが立ち上がって、黒板に向かった。そしてラリーとコーチたちに向かって言った。「いくつか質問があります」。どんな体力トレーニングをすれば、スピードや敏捷さや持久力がつくのか？　ラリーとコーチはすべての質問に答えていった。

コーチがいなくなったあとも、４人のキャプテンは黒板を囲んで話し合った。そして、ついに方針が決まった。

彼らは、チームを４～６人のグループに分け、それぞれにリーダーを決めた。各グループリーダーは、選手一人ひとりが目標を果たすよう責任を持った。それから毎日、グループごとに始業前と放課後にトレーニングを続けた。驚いたことに、チームはラリーの34年間の監督生活で最高の身体能力を発揮するまでになった。結局、彼らはシーズン中一度も負けることなく、とうとう全国大会でも優勝した。

監督がすべてに口をはさんでいたら、結果はどうなっていただろう？　答えは明らかだ。

連敗する人のやり方

マーカス・ドランは、学校中に響き渡るような声でジョン・キンボールに怒鳴った。「こっちに来い！」。マーカスは脳みそが筋肉でできているようなコーチだ。チームの一挙手一投足を支配する。彼はキャプテンのジョンにこう告げた。「俺抜きで練習なんかしたら辞めさせるぞ。どうせ、おまえなんかもうダメかもしれんがな」

もちろん、ジョンはもう二度と繰り返さなかった。他の選手たちも自主的に行動することがなくなってしまった。マーカスのもとでは、口を閉ざして彼の言うとおりにするしかない。延々と続く練習をただこなすだけだ。

試合中でさえ、マーカスはすべてのプレーを指示した。そのうち、チームはマーカスだけを見て頼りきるようになった。自分たちの頭を使うこともなければ、変化の速い試合に適応することもなくなった。そして、負けつづけた。

マーカスは、選手を逐一管理することで、自発性の芽を摘み取った。その挙げ句、スポーツ・イラストレーテッド誌で「もっとも負けの多い高校スポーツのコーチ」に選ばれた。

面白いことに、マーカスのチームにいた選手のうち8人が、その後ラリーのチームに移った。8人が入ったそのチームこそ、夜明け前から練習し、ハイランド高校を初の全国優勝に導いたチームだった。

試合に乱入する人々

ビジネスでは、大勝負となると多くの管理職が割って入り、支配する。なぜだろう？

子どものサッカーの試合で、私はいつも子どもよりもコーチのほうに目がいってしまう。いつでもどこでも才能探しをするのがクセ、一種の職業病だ。観察してみると、多くのコーチは、子どもたちのプレーが散々でチームが負けそうになると、あからさまにイライラしはじめる。狂ったように腕を振りまわし、怒鳴り散らし、サイドラインでかんしゃくを起こす人もいる。それでも、試合に乱入して子どもたちからボールを奪い、ドリブルしてゴールを決めるコーチはさすがにいない。コーチなら誰しも得点をあげるだけの技能はあるだろうから、そうしたい誘惑に駆られることもあるにちがいない。

では、なぜそうしないのか？　もちろんそれがルール違反だからでもあるが、もっと大事な理由は、それがコーチの役割ではないからだ。コーチの仕事は指導することであって、プレーすることではない。

ところが、ビジネスシーンでは、それすらわからない人がいる。大きな勝負になると、多くのリーダーが躊躇なく試合に乱入し、ボールを奪って勝利のゴールを決めてしまう。要するに、誘惑に負けてしまうのだ。

たとえば、こんな例がある。

●重要な見込み客の獲得になかなか進展が見られなかったチームの営業部長は、自分が介入してその案件を獲得しようとした。
●マーケティング部門の副社長は、チームのメンバーが新製品の市場化計画についてプレゼンテーションをし、ＣＥＯから厳しい質問を矢のように受けているのを見ると、自分が質問に答えはじめた。それればかりか、プレゼンテーションも自分で終わらせた。ＣＥＯが自分のチームへの信頼をなくすことを恐れてのことだった。

リーダーが試合の場に踏み込まずに指導するにはどうしたらいいか？　あなたも一度、自問してみよう。増幅型リーダーは、自分の役割が投資し、教え、指導することだと承知している。だから選手にプレーの責任を預け、自分がフィールドにいなくても勝てる組織を作る。

では、「投資家」はどんなことを自分に課しているのだろうか？

「投資家」とは？

エラ・バット（通称エラベン）は78歳。壊れそうなほどか細い声で話す華奢《きゃしゃ》なインド女性だ。二寝室だけの簡素な小屋に住み、ベッドを椅子がわりにした机を使っている。

学生時代は、インドが独立するまでの苦難を聞きながら育った。両親からは、祖父がイギリス統治の象徴だった塩の専売に反対して、ガンジーとともにアフダマダバードからアラビア海まで、24日間の塩の行進に参加したことも聞かされた。

あるときから、エラベンは農村部の貧困を実際に体験するため、農村に住むようになった。そして、自営で働くお針子や屋台商や建設労働者のパワーと苦悩の両方を知った。イギリスからの政治的独立だけでは国が自立できないことを、自分の目で確認した。なんとかして、経済的自立を勝ち取らなければならなかった。

その実現のために、エラベンは1972年、女性自営業協会（SEWA）を設立した。SEWAは次第に、この地域の有力な労働組合になっていった。

会長は3年ごとに選出されることになっていたが、みなエラベンが再選されつづけて当然だと思っていた。それを期待してもいた。SEWAはエラベン自身が生み出したアイデアであり、彼女が設立した組織だからだ。

しかし、エラベンは若く新しいリーダーへのバトンタッチにこだわった。そして、自分は時間と労力を注いで民主的プロセスをメンバーに教え、組織の上に立つために必要な政治力をつけるよう励ますことに徹した。

こうして、SEWAの使命と運営哲学を体現する新しいリーダーが生まれた。グジャラート出身の貧しいタバコ労働者から、英語を流暢《りゅうちょう》に話す会長となったジョティ・マクワンだ。ジョティはSEWAの会長として、120万人を擁する組合を率いていった。かつては、その日を生き延びることだけを考えて働いていた彼女が、エラベンのもとで知性を開花させ、多国間の複雑な問題を解決し、自分と同じ立場の100万を超える女性に影響を与えるまでになったのだ。エラベンとともに、米国国務長官ヒラリー・クリトンと肩を並べ、記者会見に出席したこともある。

とはいえ、ジョティの成功は始まりにすぎない。SEWA傘下にある組織の二世代目の代表者は、みなエラベンの指導を受け、大きな責任を与えられ、能力あるリーダーへと成長している。

エラベンは新たな組織を設立するたびに、未来のリーダーに投資し、自分は日々の管理から手を引いた。後継者選びがスムーズに行なわれるたびに、自信を持って組織を去り、次の組織を立ち上げることに力を注いだ。SEWA労働組合は、銀行も立ち上げた（4000人の女性がそれぞれ10ルピーずつ預け入れた）。さらには、住宅貸付機関、生協、保険、学校、その他多くの組織も立ち上げた。

そして、エラベンは今も、自分がいなくても運営できる組織やリーダーの育成に、投資をしつづけている。彼女はみんなにとって、必要なときだけアドバイスをくれる母親のような存在だ。そんな彼女の経営姿勢を支えるのは、シンプルな哲学だ。「リーダーとは、他者がリーダーとなることを助ける人です」

投資家の三つの実践

増幅型リーダーがどのような方法で成果をあげているかを調査しているうちに、私たちは彼らの実践していることが、ある世界と酷似しているのに気がついた。それは、ベンチャーキャピタルの世界だ。知的資産と知的投資によって動く世界、成長とリターンと富の創造を目指し、リーダーが他のリーダーを育成する世界だ。そして、その世界の中心は、私の自宅のすぐ近くにあった。

カリフォルニア州メンローパークのサンドヒルロード。ここはシリコンバレーのベンチャーキャピタルが密集し、巨額の投資判断が毎日何度もなされる場所だ。未来の業界を牽引するような新技術や若い企業に投資しようと、ベンチャーキャピタルがしのぎを削っている。

ご存じのように、ベンチャーキャピタルがスタートアップ企業に賭け、資金を投下するときには、投資の条件を列記したタームシートを準備する。なかでもとくに注目するのは、所有権の割合だ。それによって投資後の所有比率、そしてリーダーシップと責任の所在が決まる。つまるところ、タームシートとは、関係者すべてに、誰がいちばんの責任者かを知らせるものだ。

無事に新会社の所有権が決まると、ベンチャーキャピタルは小切手を切り、新会社はその資金で事業を進めるための資本、知的財産、人材を確保する。といっても、ベンチャーキャピタルが投資するのは金銭だけではない。もっとも価値ある投資は、ベンチャーキャピタルの経営陣による知見と指導だ。これまでに複数の事業を成長させ、技術を育て、自身でも大企業を経営してきた彼らは、資金を投下するだけでなく、生まれたばかりの企業にノウハウを授け、経営者を指導し、人脈作りを助けて事業展開と営業面を支えることで、経営チームとともに財務目標の達成を確実にしていく。

もちろん、資本とノウハウを投下したベンチャーキャピタルは、相応の見返りも求める。市場でのリターンは数年先になるかもしれないし、永遠に実現されないかもしれないが、彼らは重要な節目ごとの目標を注視しながら動く。責任のとらせ方も明快だ。新会社が期待した結果を出せば、二度目、三度目と資金注入を行なうが、結果を出せなければ、自力で生き延びるか死ぬしかない。

増幅型リーダーもこれと同じだ。まず責任の所在と、なにを求めているかをはっきりさせ、そのうえで、メンバーの才能に投資し、教え導く。彼らを助け、成功と自立に必要な資源を投下する。そして、期限を決めて見返りを求める。責任をとらせるのは冷酷さからではない。投資のリターンを求めるのは、それが知性と能力の非凡な成長を生み出すからだ。

このように、増幅型リーダーは投資家として、①責任の所在を明らかにし、②人的資源に投資し、③最後まで責任を預ける。以下、さらに詳しく見ていこう。

①責任の所在を明らかにする

投資家はまず、責任の所在を明らかにする。彼らは一人ひとりのなかに知性と能力を発見すると、その人たちに権限を委譲する。

リーダーを任命する

シスコのCEOジョン・チェンバースは、ダグ・オールレッドを副社長として採用したとき、彼に顧客サポートを一任し、互いの役割を明確にした。「ダグ、顧客サポートに関しては、君が過半数の投票権を持つことにしよう（だから結果には100パーセント責任を持ってもらう）。ただし僕に報告し、相談もしてほしい」。数週間後、ダグがジョンに進展を報告すると、ジョンはこう言った。「君が予想以上の結果を出して驚かせてくれるとわかっていたよ」。じつは、過半数の投票権を得ていたのはダグだけではなかった。ジョンはそれぞれの部門の責任者全員に、過半数の投票権を与えていた。

もし、リーダーが過半数の投票権を与えてくれると言ったら、あなたはどうするだろう？　リーダーの意向を気にして、すべての決定を逐一相談するだろうか？　それとも、まったく相談せず決定をくだすだろうか？　おそらくどちらでもない。たいていのことは自分で処理しつつ、重要案件は相談するのではないか。

権限を得て自信が生まれれば、責任者はリーダーの顔色をうかがうのをやめ、意見を聞くようになる。役割を明確にすれば、責任者のオーナーシップは強まる。リーダーの側も、どう関わるか、いつ、どのように投資したらいいかがはっきりする。しかしなによりの利点は、責任者自身が、成功も失敗も自分の努力次第だと考えるようになるところにある。

最終目標への責任を与える

ある企業の経営陣が、重要な買収計画を話し合うため、社外ミーティングを開いた。そして、そこで「ビック・ピクチャー」という、単純だが強力な経営研修を行なった。

それは、こんなふうに進んでいった。まず、参加者は9組のペアに分かれた。次に、各ペアごとに有名な現代絵画の一部が写った、数センチ大の写真一片が渡された。各ペアの仕事は、その一片を自分たちで拡大して複写すること。チーム全体の目標は、それらをつなげて、原画全体の複製を作ることだった。ただし、チームの誰も全体は見ていなかった。

作業の開始が告げられると、各ペアとも意気込んで、渡された写真を調べ、大きな紙に拡大コピーした。続いて、それを見ながら描き写し、色を塗っていった。終了時間の間際になるまで、他のペアには目もくれなかった。だが、絵をつなぎ合わせる段になって、うまく合わないことに気づきはじめた。線がつながらない。色も一致していない。全体像はつぎはぎだらけのフランケンシュタインの絵のようになった。

ここで研修リーダーが、目標は全体をきれいに仕上げることであって、個々の絵を仕上げることではないと念を押した。参加者はようやく、全体像に目を向けはじめた。今度は、継ぎ目や色の統一感に注意しながら分担個所をやり直したが、それでもまだ、原画にやや近いパッチワーク程度のものにしかならなかった。一部にだけ責任を持たされると、どうしても目の前の部分にばかり注意がいき、そこだけ仕上げようとしてしまうからだ。視野を広げ、目の前のものを超えて挑戦させたいなら、全体に責任を持たさなければならない。

インテルでEPROMメモリー事業部を率いていたジョージ・シュニーアは、経営チームを築くにあたって、自分たちの事業に関係するエンジニアリングとデザイン、製造、マーケティング、営業のリーダーを集結させたが、その際、評価基準を改めた。

それまではどのリーダーも、当然のように部門別に評価をしていた。営業のリーダーは売上で評価され、マーケティングのリーダーは市場シェアで評価され、製造のリーダーは品質で評価され、というように。しかし、ジョージは経営チーム全員に同じ評価基準を与えることにした。その評価基準とは、事業部全体の利益だ。

その日から、経営チームは常に全体の成功を視野に入れて努力するようになった。自分の分担を管理しながらも、それ以外の問題解決に喜んで貢献した。ここでは全員が、チーム全体のために全力を出し切っている。あるメンバーはこう語った。「この事業は私たちのもので、私たちが勝利を収めつつある。うれしいプレッシャーだよ。自分がこの世界でいちばん有能になったみたいな気がするね」

役割を広げる

増幅型リーダーは、メンバーを成長させ、100パーセント以上の力を出させるために、これまでやってこなかったことに限界を超えて挑戦させる。

3人を例に挙げてみよう。

ブーズ・アレン・ハミルトンで働くエレノア・シャフナー・モッシュは、小さなIT部門のマーケティング・ディレクターとして、単純な需要創出プログラムを運営していた。しかし、心のなかでは、もっと大きな使命に向けて挑戦したいと思っていた。

そのチャンスはやってきた。新しいIT部門の責任者が部門の変革を掲げ、彼女に突然大きな仕事を任せたのだ。するとエレノアは、数カ月もしないうちに、全社に向けてIT部門のビジョンを発表するイベントを組織した。世界中の大手企業の最高テクノロジー責任者を集めたカンファレンスも開催した。

そして、あるミーティングでCEOの隣に座ったエレノアは、自信を持って、IT業界と自分たちのIT部門が世界を変えるだろうと言い切った。「もう怖いものなしでした。自分の仕事に確信がありましたし、なんでもできると感じていたんです」

マイク・ヘイガンもまた、世界を相手にする準備ができていた。だが、そのためには文字どおりパスポートが必要だった。

彼は世界最大級の多国籍企業の米国営業部門で、オペレーション・ディレクターを務めていた。営業担当者たちに企業ポリシーを守らせるのが仕事だったが、あるとき、営業部門の責任者が、世界的な規模拡大と成長を可能にする方法を見つけるようマイクに依頼してきた。マイクは社内の警察官として営業規則違反者に違反切符を切る一方で、グローバルビジネス全体の営業オペレーションと戦略を設計することになったのだ。

とはいえ、マイクは最初、グローバルオペレーションの経験がないからと申し出を断った。なにしろパスポートさえ持っていないのだと告白もした。だが、事業部長は聞き入れてくれなかった。君は頭がいい、やればかならずできると言い切った。

事実、そのとおりだった。マイクはやり遂げた。大変だったが、わくわくする経験だった。当時を思い出して彼は言った。「僕はそれまでにない仕事をする機会を与えられた。というか、誰もやったことのない仕事をね」

隠れた能力の持ち主ということでは、ポリー・サムナーも例外ではない。オラクルの新社長は、営業マネジャーだったポリーの賢さと熱意に気づき、彼女を事業提携と戦略的パートナーシップ担当の副社長に任命した。

就任早々、ポリーは複雑で深刻な争いに巻き込まれた。オラクルの経営陣が、アプリケーションのパートナーでありライバルでもあるSAPと、改良版のデータベースコードを発表するタイミングについて対立したからだ。まずは上司に相談したが、彼は「複雑な問題だし、君の仕事の範疇じゃないかもしれないが、解決に導いてほしい」と言っただけだった。

そこで、ポリーは問題を解決できる人に直接かけ合うことにした。SAPの創業CEOハッソ・プラットナーと、オラクルのラリー・エリソンの間を取り持つことにしたのだ。その結果、ふたりはラリーの自宅にある日本風の茶室で話し合い、双方が納得する形で解決した。ポリーがスーパースターになったのは言うまでもない。

じつは、ここに紹介した3人はみな、時は違えど同じリーダーについた経験があった。そのリーダーとは？　メンバーに挑戦させ、能力のすべてを引き出すことで有名なレイ・レーンだ。私は彼らに、なぜ、レイのためだと誰もが大きな力を出せるのかと聞いてみた。すると、3人は異口同音に答えた。自分の力よりはるかに大きな仕事を任されるからだ、と。レイはメンバーのなかに才能を見つけるたびに、そのときの能力の一段階か二段階上の責任を与えていた。

②人的資源に投資する

投資家は、いざオーナーの立場になるとすぐに手を差し伸べる。メンバーが責任を果たすのに必要な知識とリソースをつぎ込むことで、投資を活かすためだ。

教え導く

マッキンゼーのチェ・ジェがプロジェクトチームの議論に参加するのは、自分の知識をひけらかすためではない。教え導くためだ。ジェはビジネスリーダーであるばかりか、チームが空まわりしていたり、行き詰まったりしているとき、それを学びの瞬間に変える熱心な教師でもある。

その瞬間、人はもっともオープンになり、貪欲になる。

何度か登場したブルーム・エナジーのシュリダールもまた、教え導く達人だ。彼は、教室や企業の研修センターではなく、現実の問題に直面したときにメンバーを教え導く。たとえば、チームが技術的な壁にぶつかると、シュリダールは解決策を提示する代わりに、考えさせる質問を投げかける。「私たちが現時点でわかっている、うまくいかない理由はなんだろう?」「どんな思い込みが、この結果を生んでしまったのだろう?」「今、避けるべきリスクはなんだろう?」……。メンバーはこうした質問を熟考し、個人の知識を持ち寄り、集合知を築いていった。

シュリダールは言う。「チームを助けて現実の問題を解決することで、リーダーは教えるんだ。たとえ答えを知っていても、差し出してはいけない。そんなことをすれば、せっかくの教える機会を逃すことになるからね。ソクラテスのように問答を交わすことが大切だ。リーダーは質問し、弟子から答えを引き出さなくては」

シュリダールは、教えるべき絶好の瞬間をとらえることで、目の前の問題の答え以上の収穫を得ている。教え導くとは、問題解決の能力に投資し、未来の問題を未然に防ぐことであり、増幅型リーダーが自分の周囲を優秀な人材で固めるための、もっとも有効な方法のひとつである。

サポート役を指名する

一般に、直属のメンバーには知的投資をするのがリーダーの役目だと思われがちだが、それだけでは正しくない。そこにとどまっているかぎり、リーダーが投資する知識と時間とエネルギー以上のことは期待できないからだ。

電子機器製造大手フレクストロニクスの一部門で、120億ドル規模の事業部を率いるマイケル・クラークは、あるとき市場統合を目のあたりにし、早急にM&A戦略を練る必要に迫られた。そのとき彼は、新事業戦略担当の有能な副社長ベッキー・ローラーを呼び、彼女に戦略策定のプロセスを任せた。

するとベッキーは、九つの異なる事業部をとりもち、二日間にわたって戦略と意思決定のカンファレンスを開くことにした。メンバーから最高のアイデアを引き出すためだ。だが、そのカンファレンスの十日前になって、情報が入ってきた。全社的な戦略プロジェクトは外部のコンサルティング会社が率いているため、M&Aの戦略と方向性が変わるかもしれないというのだ。

マイケルは、自分が介入して助けることもできたが、かえって邪魔になると判断した。代わりに、事業開発のグレッグ・キースに、ベッキーと並んでツートップになるよう依頼した。ベッキーの権限を減らしたわけではない。プロジェクトの責任者はあくまでベッキーだが、この展開では、ふたりの頭脳を合わせることが不可欠だと考えたのだ。

グレッグはベッキーのために戦略会議を計画し、相談役としてふるまい、前進を手助けした。その会議の終わりに、マイケルはベッキーのリーダーシップを讃え、グレッグの支援に感謝した。

③最後まで責任を預ける

数多くのエグゼクティブと一緒に働くなかで、私は優れたリーダーのもっとも素晴らしい面のひとつに気づいた。それは、「オフィスのテーブルが傾いている」ことだ。もちろん、個人のデスクは水平だ。だが、会議用のテーブルは傾いている。あなたも、行動の責任がリーダーからメンバーのほうに降りてくるのを目にしたことはないだろうか。優れたリーダーのいる会議のテーブルは、上手に置いたビー玉が、かならずメンバー側に転がっていく。優れたリーダーは、メンバーに責任を与え、それを留める。メンバーが問題を押し返してきても、最終的にはふたたびメンバーのほうに問題を戻す。メンバーを助け、アドバイスを与え、質問をし、重要な課題を上にあげるが、責任はメンバーに預け、留めるのだ。テーブルがメンバーのほうに傾いているとは、そういうことだ。

私の上司だったある上級管理職は、いつも会議に小さな革の手帳を持ってきたが、会議中にメモをとったことは一度もなかった。彼はかならず議論に集中し、積極的に参加し、注意深く耳を傾け、深い洞察を語った。私や周りの人間が無我夢中でメモをとり、やるべきことリストを漏らさず書いていたのとは対照的だった。たまに、彼が一行だけさっと書いているのを見かけることもあったが、それはきまって、彼だけがなにかをすべき責任を負っているときだった。

これもまた、傾いたテーブルだ。彼は注意深く自己抑制していたが、責任を放棄していたわけではない。その証拠に、革の手帳に書き込んだことは、翌日には必ずやり終えていた。

責任を返す

SAPの開発部門で副社長を務めるジョン・ウーキーは、アプリケーション・ソフトウェア事業のベテランで、知性によって組織を築く増幅型リーダーだ。彼は、期限内に高品質のソフトウェアを届けるには、メンバーに任せきりではいけないことを知っている。だが同時に、マイクロマネジメントの欠陥、つまりなにからなにまで管理することの弊害も心得ている。

ソフトウェア開発の世界では、マイクロマネジメントがはびこりやすい。その理由のひとつは、ユーザーインターフェースの評価会にある。ソフトウェア・アプリケーションには通常250ほどのスクリーンがあり、その使い勝手が市場での成否を決めると言われている。そのため、経営陣の大半はここでミスしないよう大変な気を遣う。結果として、多くのリーダーはマイクロマネジャーと化し、評価会議の最後になると、自らペンを握ってホワイトボードを占領し、全員の前で自分のデザイン能力を見せつけるかのごとく、スクリーンをデザインし直すことになる。

だが、同僚や上司が幾度となくそうするのを見てきたジョンは、逆をいく。スクリーンに問題があればアドバイスをし、選択肢とトレードオフを話し合い、「研究室」に戻って考え直すようチームに伝える。ジョンは言う。「私がみんなに与えるフィードバックは、命令ではなく助言なんだ。何週間もフルタイムでその仕事をしつづけている人たちには、私にはない知見があるからね」。彼は数十年にわたるビジネスアプリケーションの開発経験から得た洞察を提供しつつも、ソフトウェアのユーザーが本当に必要としているものはなにかは、チームメンバー自身に考えさせる。彼の指導は、みんなが誇りを持てる製品を作るために、全員でなにができるかということに焦点を合わせている。

ジョンはチームの仕事に介入しても、マッキンゼーのソウル支社のパートナーのように、ペンはかならずチームに返す。そうやって、自分が責任者ではないことを示す。

フレクストロニクスでインフラストラクチャ事業部の責任者を務めるマイケル・クラークは、メンバーのプレゼンテーションやアイデアに興味深く耳を傾けると、微笑みながらきついヨークシャー訛りでこう言う。「そりゃいいアイデアだな」。まずはアイデアの鋭さを褒めるのだ。ただし、責任の所在をはっきりさせることも忘れない。「XとYのどちらに投資すべきか、ぜひ聞きたい。君は有能だから、きっとわかるはずだ」。彼のチームは、この「君は有能だ。きっとできる」を繰り返し聞かされる。バトンはふたたびチームに戻されるのだ。

終わりまでやり遂げる

１９８７年の夏、私は夢見た場所でインターンとして働けることになった。その場所とは、私が通っていたビジネススクールで組織行動論を教えていたケリー・パターソン教授が、南カリフォルニアで立ち上げた、経営者研修の会社だった。

ケリーは非常に頭のいい人物だったが、少々抜けたところがあることでも知られていた。アインシュタインの脳みそを、小柄なダニー・デビートの身体に詰め込んだような人、とでも言えばわかるだろうか。そんなケリーと誰もが仕事をしたがっていたが、私は教授からの推薦と思い入れの強さで、なんとか仕事のチャンスをものにしたのだった。

私は彼のもとで働き、彼から学ぶため、意気揚々と南カリフォルニアへ車を走らせると、たいていのインターンと同じように、あれこれの雑務をこなしていった。研修のコンテンツを作ったり、コンピュータになにかを打ち込んだり、引き受け手のない法律問題を片づけたり……。なかでももっとも楽しんだのは、ケリーが書いた文章を校正する仕事だった。研修マニュアルのこともあれば、スピーチのこともあったが、それらを読んで間違いを探しては直していた。

その日も、私はケリーが書いたマーケティングの小冊子を校正していた。いつもと変わらない仕事だった。タイプミスや文法の間違いを見つけて直し、ややぎこちない文章も直した。そうこうしているうちに、なんとも冗長な文章にぶつかった。何度か書き直してみたが、どうしてもよくならない。元の文章があまりにもこんがらがっていたからだ。これはケリー自身にしか直せない、そう結論を出した私は、該当部分に傍線を引いて、「AWK」(「こなれていない」を表わす編集用語)と書き込むと、その原稿をケリーの机の上に置いた。

それからおよそ1時間後のことだった。ケリーが私のいる部屋に向かって足早に歩いてくる音が聞こえた。会議から戻り、私が校正したものを読んだのだ。足音から察すると、礼を言おうとしているのではなさそうだ。予想は当たっていた。ケリーは戸口を突っ切って、脇目もふらずに私のところまでやってくると、挨拶もなしに机の上にドスンと原稿を落とし、私の目を見てこう言った。「直しもしないでダメ出しなんてするもんじゃない」。ギロリと目をむいて、究極の教師はそのままくるりと背を向けて出ていった。

はいはい、わかりました。私はさっきより必死に頭を使って、くだんの文章を書き直した。そしてケリーのオフィスに飛んで戻ると、それをふたたび彼の机の上に置いた。

ケリーはその後も教師を続け、たくさんの本を書いた。そのうちの3冊はベストセラーになった。『ダイアローグスマート』（幻冬舎ルネッサンス）、『言いたいことが、なぜ言えないのか？』（トランスワールドジャパン）、そして『インフルエンサーたちの伝えて動かす技術』（PHP研究所）だ。私はインターンシップを終え、ビジネススクールを卒業し、企業社会に羽ばたいたが、ケリーから学んだ大切な教訓は、いつまでも胸のなかに残っていた。「直しもしないでダメ出しをするな」。それはつまり、問題を指摘するだけではいけない、答えを見つけろ、という教訓だった。

私はこれまで、この話を数十人、いやおそらく数百人にしてきた。私のチームで、答えを出さずに問題だけを指摘したメンバーにはもれなく話した。直しを求めるということは、考えと仕事を完成させる機会を与えるということだ。それによって、知的な筋肉を伸ばし訓練することができる。増幅型リーダーは、メンバー自身にできることはきっちりやらせるのだ。

ありのままの結果を尊重する

サラの父親は大きな机の後ろに立ち、オーストラリア訛りの大声でこう言った。「許せん！」

その日、サラはオーケストラの練習をサボった。最後のバイオリンのソロを担当していたが、そのために2時間も3時間もリハーサルで待ちつづけるのがいやになったからだ。参加しなければならないことはわかっていた。でも、自分がいなくてもかまわないだろうと、つい思ってしまった。ところが、オーケストラが曲の途中を飛ばしてサラのパートの番がきてしまった。そのせいで、彼女がいないことがバレて、彼女はコンサートのメンバーからはずされた。父親が怒るのも無理はない。

とはいえ、父親はサラよりもむしろ、指揮者に怒っているようだった。「勝手におまえを放り出すなんておかしいじゃないか。おまえも、わかりましたと引き下がったらだめだろう」。そう言うと父親は、サラを車に乗せて指揮者のところに戻らせた。

親子を前にした指揮者は、同じことを毅然と繰り返した。「サラは賢い子です。ルールをわかったうえでやったことです」。父親は押したり引いたりしてねばったが、説得できなかった。その間、サラはひと言も口を開かなかった。ばかばかしい気分だった。父親の言い訳を聞きながら、サラは自分が小さく、無力になったように感じていた。放り出されたことは残念だったが、その一方で、自分を一人前の大人のように扱ってくれたことはうれしく思っていたからだ。「救われるバカ」よりも「潔くクビ」のほうが、サラにはよかった。

多くの企業管理職は、この父親に似ている。善意で助けようとして、結果的にメンバーの能力と成長を邪魔しているのだ。行動の結果を受け入れずにメンバーを守ると、学びのチャンスを遅らせ、効果を薄めてしまう。そんなリーダーにかぎって、最後の最後で介入し、メンバーが責任を持って作成した重要なプレゼンテーションを書き直したりする。その行為は、君にはやり遂げる能力がないと伝えているのも同然だ。するとメンバーは、これからもどうせ介入されるのだからと、ベストを尽くさなくなる。

一方、どのようなものであれ、メンバーの行動の結果を黙って見守れば、「きみは有能だ。やり遂げる能力があると信じている」というメッセージになる。するとメンバーは、自分が行動と結果に責任を負っていることを自覚し、それまで以上によく考えて行動するようになる。自立もしていく。投資家は投資の成功を願うが、自分の介入で無理に結果を変えたりできないとわかっている。エラ・バットも言っている。「リスクのない行動はありません。失敗は成功のもとなのです」

目に見えるスコアボードを作る

スポーツでも、ビジネスでも、地域奉仕でも、成功を目に見える形で表わせば、能力とエネルギーを最大限に引き出すことができる。

弁護士のジュビン・ダナは、仕事が終わるとプロのサッカーコーチに変身する。彼のコーチ法は単純だが非常に効果的だ。その方法とは、データを記録しつづけること。弁護士としての経験から生まれたものだった。

ジュビンは、選手たちの長短距離走のスピードを記録する。パスの数と成功率、スライディングタックルの数やシュート数も記録する。そして選手全員に統計のすべてを公開する。こうすると選手たちは、自分の技術レベルも、改善点も知ることができる。もっと速く走れとか、もっと頑張れとコーチに叱咤されなくても、データが選手の武器になり、自分の力でいっそう高い技術を目指したり、プレッシャーをかけたりするようになるのだ。

増幅型リーダーは投資家と同じようにメンバーの自立を促し、自分が直接関わらなくても結果を残せる組織を作る。その組織が本当に自立すれば、リーダーは道を譲ることができる。増幅型リーダーが組織を去るときには、かならず置き土産がある。

消耗型リーダーは依存体質を好む

前述したように、消耗型リーダーは「自分がいなければ、メンバーは決して仕事をやり遂げられない」という思い込みのもとに行動する。重箱の隅をつついてメンバーの尻を叩かなければ、結果を出せないと思っている。その思い込みから、大きな責任を与えず、依存体質を作ってしまう。

残念ながら、この思い込みは現実になりがちだ。どのメンバーも消耗型リーダーに答えと承認を求めるばかりで、能力を発揮せず、リーダーに頼りきりになるからだ。消耗型リーダーが組織を去るころには、すべてがばらばらになっている。だが、それはメンバーが無能だったからではない。原因はリーダーにある。

マイクロマネジメントによって組織全体をだめにした経営者の例を見てみよう。

セルソは並はずれて頭が良く、仲間からは金融の天才だと評される人物だ。優れたアナリスト、株式トレーダーの花形だった。だが、すべてを支配しなければ気がすまない彼の経営スタイルが、優良企業を築く障害になった。ブラジルの投資会社のトップである彼の仕事は、まさに企業を育てることだったのに――。

セルソの直属のメンバーは、スタッフ会議で投資案件や投資先企業についての報告を最後まで終えることがめったになかった。セルソがすぐに口をはさんで鋭い分析を滔々《とうとう》と語るからだ。その指摘はもっともだったが、メンバーたちは考える意欲を失っていった。セルソの口癖は、「そんなこともわからなかったのか」だった。

セルソは投資先企業の業績を秒単位で追跡し、すべての売上報告を携帯電話で受けていた。売上が目標を下まわると、夜中であろうが投資先のＣＥＯに電話をかけ、怒鳴り散らした。なにがあっても最初に反応するのはセルソだった。パブロフの犬のように脊髄反射し、問題を見つけると即座に介入し、自ら解決に乗り出すのだった。

いつのまにか、社員のほとんどは目立たないことだけを願い、セルソが勝手に仕事を片づけてくれるのを待つようになった。優秀な社員の多くが去ると、セルソは、経験が浅く、別の上司についたこともない名門大学の卒業生を採用して穴を埋めた。そのうち、組織自体がセルソそのもののようになり、名門大学の男子同窓会さながらになっていった。

消耗型リーダーがどのようにしてメンバーの能力を損ない、依存体質の組織を作っているかを整理すると、次のようになる。

権限を渡さない――マイクロマネジャーのやり方は、ある有名教授のもとで働くスタッフの言葉に集約されている。「私に決定権はありません。ヤング先生が許可しなければ、なにもできないのです」。消耗型リーダーは、自分が権限を握りつづける。任せるのは細切れの任務だけ、パズルの一片を渡すだけだ。それゆえメンバーは、リーダーの助けなしにパズルを完成させることができない。

エヴァ・ウィーゼルは切れ者で、製造工場のオペレーション管理者として精力的にアイデアを提案していた。だが、チームにとって不運なことに、彼女は猛烈な朝方人間だった。通勤時間中に一日の予定を立てると、工場の門をくぐるなり、メンバーのオフィスに立ち寄って、その日にすべきことを次々と指示する。しかもその指示は、日によってくるくる変わった。

そのうち、エヴァのパターンを読んだメンバーたちが、新しい習慣を作った。毎朝8時に、ロビーから事務所へと続く廊下に整列するようになったのだ。全員がノートとコーヒーを手に持って、エヴァがその日の「進軍命令」を吐き出すのを待った。彼らにとっては、ただ命令を待つほうが簡単だった。

それでも、エヴァは自分のことを、チームに権限を委譲してそれを明確に伝える素晴らしいリーダーだと思っていた。もちろん実際には、なにもかも自分で考えて権限を渡さないマイクロマネジャーにすぎなかった。

出たり入ったり——マイクロマネジャーは、メンバーに仕事を与えても、問題が起きた瞬間にそれを自分の手に戻す。その姿はまるで、釣り竿の先の光ものに引き寄せられる魚のようだ。緊急の問題や大きな障害は、消耗型リーダーにとって抗いがたい餌である。それを見ると、つい近寄ってしまう。彼らは、問題解決という知的な挑戦に興奮する。難局を救った自分に関心と賞賛が集まるのが大好きだ。メンバーが自分に頼り、自分が結果を出し、重要人物だと思われることが病みつきになる。その気持ちを抑えられず、メンバーの能力を損なってしまうのだ。
しかも、消耗型リーダーの多くは一貫して介入するのではなく、出たり入ったりするから始末が悪い。問題を察知すると突然あれこれと指図しはじめるが、お楽しみが終わると去ってしまう。

バンジージャンプのように、降りてきたかと思うと上に戻ってしまうのだ。

第3章で紹介した、消費財メーカーの最高マーケティング責任者ガース・ヤマモトも、このタイプだった。「すべてに口を出す」かと思えば、「まったく無視する」。CEOが注視するプロジェクトのときは介入し、仕事を支配し、彼自身が直接CEOに結果を報告する。ところが、CEOが関わっていないとなると姿も見せない。事業の柱となるような重要なプロジェクトであっても、注目されない仕事には目も向けず、メンバーがすべての苦労を背負った。

リーダーが出たり引っ込んだりしていると、組織には依存と無関心が生まれる。リーダーに一貫性がなければ、大きな混乱が起きることは言うまでもない。

権限を取り戻す——私が25歳で初めて管理職になって半年経ったころのこと。午後7時半、オラクル本社で机に座っていたのは私だけだった。廊下は暗く、みんな帰宅していた。私だけが帰れなかったのは、その日の「やるべきこと」がまだ片づいていなかったからだ。その多くはちょっとした問題から派生し、私のところに降りてきたものだった。しばらくは仕事に没頭していたが、ひと息つくと、ふと思った。「なんでこんなに仕事が残っているんだろう? スタッフに任せたはずなのに、どうして自分に戻ってくるの?」

みんなが私に問題を持ちかけ、私はそれを引き受けていた。問題を押しつけて自分で解決しないチームメンバーにイラついた。だがそのとき、暗いオフィスでひとり、気がついた。問題はそこじゃない。私が自分のすべきことをしていなかったんだ、と。マネジャーとしての私の仕事は、自分ですべての仕事をこなすことではない。私の責任は仕事を管理することであって、仕事を片づけることではないはずだ。

それまでの私は、暑苦しいスーパーヒーローのように問題を解決していたが、本当はメンバーの問題解決を助けるべきだったのだ。私の仕事はチームに仕事を与え、メンバーに責任を留めること。恥ずかしいほど単純なことだったが、マネジャーに昇進したばかりの私にとって、それは目からうろこが落ちるほどの気づきだった。

その後、私は経営的立場に立つ人々のコーチングをするようになったが、多くのリーダーやエグゼクティブがこの単純な教訓を自覚していないことに何度も驚かされた。管理職が仕事を取り戻せば、結局すべてを自分で片づけなければならないばかりか、メンバーの能力を活用し、伸ばす機会も奪ってしまう。彼らはみな、意図せず周囲の人の成長を阻害し、消耗型リーダーへの坂道をすべり落ちていた。

投資家には多くのリターンが待っている

増幅型リーダーが投資家として行動するのは、メンバーのご機嫌をとるためではなく、投資へのリターンを重く見るからだ。彼らはメンバーに責任を与えなければ最高の結果は残せないと信じているからこそ、投資をする。そうやって資産価値を上げているのだ。

「連続的」な増幅型リーダーを目指す

その日、ナラヤナ・ムルティと6人の友だちは、ムンバイの貧民街に隣接する一部屋だけのアパートで7時間も話し合い、バンガロールにソフトウェア会社を設立することにした。彼らの目標はふたつ。ひとつは、それぞれが妻を説得して、設立資金を250ドルずつ出すこと。もうひとつは、世界中から尊敬される会社を作ることだ。彼らは、ふたつとも実現した。

ムルティはインフォシス・テクノロジーを、100億ドルもの価値を持つ、インド初のNASDAQ上場企業にまで育てあげた。そして、インドの起業家たちに自信を与え、新生インドの顔になった。

しかし、60歳の誕生日に、ムルティはCEOを退いた。社内外で尊敬される人物だった彼なら、トップに留まって名声と権力を享受しつづけることもできたのに、そうしなかったのだ。

なにかの危機に見舞われたわけではない。権力争いがあったわけでもない。彼が退いたのは、それがあらかじめ練られた計画の一部だったからだ。ムルティは長年にわたってリーダーたちに

「マイクロマネジャー」と「投資家」はどう違うか

マイクロマネジャー		投資家	
行動	結果	行動	結果
●仕事の隅々にまで口をはさみ、自分のやり方で完成させるように管理する	●メンバーは指示待ちになる ●リーダーが介入し命令することを予想して、力を出さない ●リーダーが助けてくれるのを待ってタダ乗りする ●リーダーの顔色をうかがい、上手に言い訳をする	●メンバーに責任を与え、彼らの成功に投資する	●メンバーが自発的に行動し、積極的に挑戦する ●メンバーが目標達成に集中する ●リーダーより先にメンバーが問題を解決する ●メンバーが自分で環境に対応する

投資しつづけ、自分なしでもやっていける体制を作っていた。結局、CEOの座はそのなかのひとり、ナンダン・ニレカニに譲り、自分は代表権のない会長兼チーフメンターとなった。

ある年のダボス会議で、なぜチーフメンターという役割を選んだのかと聞かれたとき、ムルティはこう答えた。「リーダーの重要な仕事は、次世代のリーダーをしっかり育成することだからです」。さらに、それを実践するモチベーションを問われると、きっぱりと言った。「ピンボールで勝つことのご褒美は、もう一度プレーできることだよ」。つまり、ふたたびあちこちで会社を育てたいという熱意のほうが、CEOとして脚光を浴びたいという気持ちより勝っていたということだ。

世の中には、賞賛が病みつきになってしま

う経営者もいる。だがムルティは、人を育てることに病みつきになっている。彼は、自分のいちばんの価値は、自分ではなく他者の知性に投資するところにあると深く認識している。

今もムルティは、第二のキャリアとして人々の成長に投資し、これまでと変わらず幅広い影響を与えている。インフォシスの経営責任から解放されて以降、彼は政府や国際機関に投資してきた。そのなかには、タイ政府や国連、あるいはコーネル大学、ウォートン・ビジネス・スクール、シンガポール経営大学といった教育機関もある。また、インド首相の側近として、次世代の人材に投資するよう進言もしてきた。「こうした世界規模の教育プロジェクトは、若者に任せなければなりません」とムルティは説く。

ムルティのようなリーダーは、他のリーダーの育成に投資することで、組織の業績を危険にさらすことなく退く。投資家として、一度かぎりのリターンを得るのではなく、どこでも同じように投資サイクルを繰り返していく。彼らはいわば連続増幅型リーダーだ。

投資家になるために

連続増幅型リーダーは、最初の成功をきっかけに好循環を起こしていく。となると、カギは出発点にある。投資家になる最初の一歩、そのポイントは次の四つだ。

はじめの一歩

①誰がボスかをはっきりさせる――リーダーがメンバーに権限を委譲するときには、なにを期待しているかをメンバーに伝えるだけでなく、さらにレベルを上げて、先頭に立つのは君たちなんだよ、と責任の所在も伝えよう。もちろん、リーダーはメンバーを支えるが、メンバーが責任を持ってことを進めることが重要だ。そのためには、具体的な数字を与えるのもいい。たとえば、投票権は君たちが51パーセント、私が49パーセント持っている、というように。もっと大胆に、75対25の割合でもいい。

もうひとつ肝心なのは、今の能力を超えるような責任をメンバーに与えることだ。まずは現在の役割のなかで責任を与え、それをひとつ上のレベルに引き上げることから始めよう。一見まだ早いと思われる仕事を与えるのも、リーダーの大事な仕事だ。

②流れを見守る――人は故意に押しつけられた結果は忘れてしまいがちだが、自然に生じた結果からは学ぶことが多い。

数年前、私は家族でマウイ島に行った。宿泊したホテルはブラック・ロックを臨むカナパリの海岸沿いにあり、美しいビーチが広がっていた。ただし、巨大な岩が突き出していて、波は荒かった。

あれは、3歳だった息子のクリスチャンが、そのビーチで遊んでいたときのことだった。海に魅せられ、さざ波の間を歩いているうちに、この子が危険な波をかぶるところまで歩いていってしまった。親ならおなじみの光景だ。私は息子を目の届くところまで連れ戻すと、海の恐ろしさを教え、なぜ遠くに行ってはいけないかを言い聞かせた。だが、そのうちまた遊びに夢中になり、私の言ったことなど忘れて波のほうに歩きはじめた。私がふたたび連れ戻す。これを何度も繰り返した。

そして、何回目かでふと気がついた。息子は母親ではなく、母なる自然から学ぶべきだと。そこで、次は少し大きめの波が打ち寄せる頃合いを見計らった。しばらくすると、息子の身体にちょっとかぶるものの、日本までは流されない程度の波がやってきたが、私は息子をそのまま歩かせた。その腕をつかんで水から引き上げる代わりに、ただ横に立ったのだ。近くにいた親たちは、波が来るのを見てハッとしたようだった。ある親が「ダメな母親ね」というようにこちらを見たので、救助隊ではなく教師の役割を果たそうとしているんですと説明して、その人を安心させた。

波がやってくると、クリスチャンはすぐにのみ込まれ、何度か転んだ。私はようやく息子を引き上げ、安全なところに連れて戻った。そして、息を整え、口から砂を吐き出したのを見届けると、改めて海の怖さについて話して聞かせた。今度こそ、息子もわかったようだった。もうビーチからあまり離れなくなった。ただ海を愛し、波に揺られるのが好きなだけだった息子が、自然の力を敬うようになった瞬間だった。

自然は最高の教師だ。人は自然のなかで実験し、試行錯誤を繰り返し、本物の知性を手にしていく。

とはいえ、リーダーが自然の流れに任せるのは難しい。多くのリーダーはつい、結果を出そうと干渉してしまう。もちろん、重要プロジェクトまで流れにまかせる必要はない。まずは「小さな波」を見つけて、取り返しのつかないことになる前に、自然から教えてもらってはどうだろう。そのときには、次の三段階を踏むとうまくいく。

ⓐ流れに任せる　失敗を恐れるあまり、先走って介入しないこと。会議の進行がつたないからといって、自分が仕切ってはならない。メンバーにはある程度の失敗を経験させるべきだ。

ⓑ失敗について話し合う　失敗から学ぶのを手助けするためにも、リーダーはいつもそばにいなければならない。うまくいかなかったミーティングや、売上案件を失ったあとは、彼らを支え、立ち上がらせ、砂を払い、起きたことを話し合おう。また、いい質問をすることを心がけよう。「だから言っただろ」と説教するのは厳禁だ。

ⓒ次に目を向ける　次回からはうまくいくよう手助けしよう。失敗から救い出し、前進への道を示すのだ。大切な顧客への営業に失敗したら、次に向かう顧客先ではどう対応すべきかを

尋ねよう。

失敗から生まれる成果もあれば、優れた判断によって生じる成果もあるが、どちらにしても、メンバーが成果を出したときはみんなの前で褒め、勝利の果実を味わわせてあげよう。

③解決はメンバーの力で——経営的立場に立つ人の多くは、もともと問題解決力に長けている。だから、誰かが問題を持ってくると、ついそれを解決したくなる。いつもそうしているから、みんなもそれを期待するのだろう。もしあなたもそうなら、反応する前にひと息つこう。そして、「直しもしないで、問題を指摘するな」と私に言ったケリー・パターソンを思い出してほしい。解決策はできるだけメンバーに出させること。そのためには、次のような質問を習慣にするといいだろう。

- 君はこの問題をどう解決したらいいと思う?
- 君ならどんな解決策を提案できるだろう?
- 君はこれをどう解決したいと思っている?

④ペンを返す——メンバーが行き詰まって自分に意見を求めてきたときは、さすがに断りに

くい。なかには、ひと言でも話せばすべて自分で解決したくなりそうだからと、口を開けないリーダーもいるほどだ。チームメンバーが苦しんでいるなら、助けの手は差し出してもいい。だが、そのあとのことも考えておくべきだ。助けを求められたのが会議室でも、自分のオフィスでも、廊下でのちょっとした会話でも、「ペンを返す」場面を具体的に思い描くことが大切だ。ホワイトボードを前に、全員のアイデアに自分の意見を付け加えているシーンを想像しよう。話し終えたらペンは返さなければならない。あなたのその行動によって、メンバーは自分たち一人ひとりがリーダーであることを自覚し、責任をまっとうするようになるはずだ。

参考までに、「ペンを返す」ことを伝える言葉をいくつか挙げておこう。

- ●より深く考えるのを助けられるのはうれしいけれど、ここからは君にリードしてほしい
- ●これに関しては、今も君がリーダーだ
- ●喜んでサポートするよ。君がリードするためになにが必要かな?

こうした言葉は単なるきっかけだが、いつも繰り返していると、じわじわと増幅型リーダー効果が広がってくる。

2006年のノーベル平和賞受賞者で、マイクロファイナンス（貧困者向け小口融資）の父と

言われるムハマド・ユヌス氏は、こう語っている。「人はみなはかりしれない可能性を秘めている。ひとりの人間が、コミュニティ、国家、時代を超えて、人々の生活に影響を与えることができるのです」

増幅型リーダーは投資家として、メンバーに目の前の仕事へ自発的に全力を注がせ、同時に、彼らの視野と影響力を広げている。そして、メンバーが自分の頭で考えるようになると、繰り返し再投資を行ない、連続的な増幅型リーダーになる。

結局のところ、増幅型リーダーは、ただで人員数を二倍にしつづけている。サンドヒルロードの賢明な投資家にとっても、増幅型リーダーにとっても、二倍のリターンが永遠に続くことが、支持される強力な根拠になるのは言うまでもないだろう。

増幅型リーダーの方程式

「マイクロマネジャー」から「投資家」へ

マイクロマネジャーは重箱の隅をつつくようにメンバーを管理し、リーダーへの依存を生み出し、リーダーなしでは成果の出ない組織を作る。
投資家は人に投資して責任を与え、リーダーがいなくても自分自身の力で結果が出せるようにする。

投資家の三つの実践

❶責任の所在を明らかにする
- リーダーを任命する
- 最終目標への責任を与える
- 役割を広げる

❷人的資源に投資する
- 教え導く
- サポート役を指名する

❸最後まで責任を預ける
- 責任を返す
- 終わりまでやり遂げる
- ありのままの結果を尊重する
- 目に見えるスコアボードを作る

投資家になるために

❶誰がボスかをはっきり知らせる
❷流れを見守る
❸解決はメンバーの力で
❹ペンを返す

意外な発見

❶増幅型リーダーは日々の細かい仕事に関わりながらも、責任はメンバーに預ける。
❷増幅型リーダーは、一流の結果を出すことにかけて、消耗型リーダーよりも42パーセント高い評価を受けている。

第7章

「増幅型リーダー」を目指すあなたに

自分を捨てることで、本来の自分になれる。
——老子

インテュイットの元CEOビル・キャンベルは、35年前に名門大学のフットボールコーチとしてキャリアをスタートさせた。コーチとしてのビルは頭の回転が速く、攻撃的で、歯に衣着せなかったが、その姿勢はビジネスの世界に飛び込んでからも変わらなかった。

コダックの若きマーケティングマネジャーとなったビルは、営業リーダーの事業計画がうまくいかないと感じると、すかさず割って入って計画を書き直した。細かいことで知られるアップル・コンピュータのジョン・スカリーのもとで働いていたときも、究極のマイクロマネジャーとして些細な点にまで首を突っ込み、すべてを決定し、命令した。

だが今、ビルは当時を振り返って言う。「私のせいで、みんなてんてこまいだった。あのころの私は、まさしく消耗型リーダーだったよ。なにもかも自分で決めて、みんなを遠ざけていた。

本当にダメな上司だった」

ある消耗型リーダーの告白

ビルは最悪の瞬間を憶えている。大切なスタッフ会議の席で、経営チームのひとりが簡単な質問をしたときのことだ。無知な管理職にいらついたビルは、その人に向かって、無礼きわまりない言葉づかいでばっさりと言った。「くだらなすぎる」。そのひと言で全員が押し黙った。誰も質問を発しなくなったなか、ビルはひとりでしゃべりつづけた。その後も数週間、誰ひとり彼に質問をしなかった。ビルはチームの好奇心を抹殺してしまったのだ。

クラリスのCEOになっても、彼の歯に衣着せぬ姿勢は続いた。ある日、親しい仕事仲間がやってきて、こう告げた。「ねえビル、ここに移ったのは、前の会社であなたと働くのが楽しかったからよ。だけど、また悪いくせが出てしまったわね。あなたは周りのみんなを押しのけて自分でなんでも決めているわよ」。彼女は正しかった。

警告されたのは、そのときだけではない。別の会社に働きはじめて2カ月が経ったころ、経営チームのメンバーがやってきて言った。「チームの全員を代表して言わせてもらいます。あなたが私たちに仕事をさせないつもりなら、ここにはいられない。辞めたくはないが、仕事をさせてもらえないなら、もう我慢できません」

ビルはようやく、こんな態度を続けていたらあとがないと気がついた。自分の行動が会社を傷つけ、並はずれて優秀な選手のいるチームを台なしにしていることがわかったのだ。みんなを失いたくない、ビルはそう思った。

増幅型リーダーとして生まれ変わる

ふたりの勇気ある仲間の警告で、ビルは目が覚めた。そして、方向を変えなければならないと決意し、それに成功した。

まずはじめに、ビルは話すことを控えて、もっと聞くようにした。加えて、仲間の知識を尊重するようにした。自分が経営チームに与えた負の影響を認識するにつれ、自分以外の消耗型リーダーが目につくようにもなった。ビルはその人たちに助言した。常に自分がその場でいちばん頭がいいことを証明したがったある人物には、膝を突き合わせてこう説いた。「君がどれほど頭がいいかは重要じゃないんだ。今のままだと君は組織をダメにする。君は優秀だが、このままではここで仕事はできないよ」

ビルは着実に優れたリーダーへと変わっていった。その変化は、チームを失いたくないという気持ちと、自分が採用してきた人材の価値に気づいたことから自然に起きたものだった。インテュイットのCEOになるころには、自分は増幅型リーダーだと思えるようになっていた。同社の

２０００年の売上は、10億ドルの大台を超えた。

自分だけでなく、まわりの人も変えていく

インテュイットのＣＥＯを引退したビルは今、取締役会に留まり、スタートアップ企業の指導に時間を費やしている。同じ道をたどり、過ちをおかし、失敗から学んだ者として、メンターの役割を果たしているのだ。彼は、ベンチャーキャピタルと連携しているが、任務ははっきりと分担している。ベンチャーキャピタルは資本を投資し、ビルは人材を育成する。

もちろん、増幅型リーダーを育てることにも力を入れている。彼は自分自身の経験からこう教えている。「学ぶことができれば、教えられる」。きわめて頭のいい（しかもたいてい若い）ＣＥＯを何人も指導し、どうしたら社内の才能を活用できるのかをアドバイスしつづけた結果、教えを受けたＣＥＯたちはその後、アマゾン、ペイパル、グーグルほか、テクノロジー分野で数多くの最大手企業を築き上げていった。

最近も、ビルはあるＣＥＯに助言して、会議のあり方を変えた。それまで、経営スタッフ会議はいつも、テーブルについた参加者が順番に進捗状況と部門の課題を発表するだけだったが、そこに参加して、膨大な能力が浪費されていると感じたビルは、ＣＥＯに言った。「会議からなにも引き出せていないね。最重要課題にみんなを深く関わらせなければ」。続いて、自社にとって

もっとも重要な五つの課題を挙げさせた。そのあと、ＣＥＯはそのリストを事前にメールで会議参加者に送り、課題について徹底的に考えるよう求めた。また、データと意見を準備して会議に臨むようにとも伝えた。

次の会議の冒頭、ＣＥＯはまず経営チームに、部門を超えて会社全体の立場で考えるよう要請したうえで、第一の課題を話し合った。サービス事業は自社で取り組むべきか、それとも提携先に任せるべきか？　あるメンバーは理由を挙げて、自社に留めるべきだと言った。別のひとりは反対意見を述べた。全員が自分の考え方を語った。ＣＥＯはどの意見にも注意深く耳を傾けたあと、決定をくだした。その理由とこれからすべきことも簡潔に語った。あるメンバーが進み出てこう言った。「わかりました。ここからは私がやりましょう」。ＣＥＯは次のトピックに移り、質の高い議論が続いていった。

ビルはこれまで、シリコンバレーの有名なＣＥＯにも、指導と助言をしてきた。「私は彼らがものの見方を変えるのに力を貸したい。そのためなら、居心地のいい場所から叩き出して、厳しい質問も投げかけるよ」

ビルも、はじめは消耗型リーダーだった。だがその後、増幅型リーダーに変わり、今では増幅型リーダーを生み出す増幅型リーダーとなった。彼は今日も、周囲の人々の知性と能力を引き出し、倍増させるような、強力なリーダーを育てている。

消耗型リーダーから増幅型リーダーへの彼の旅は、私たちが聞いた多くのリーダーの話と一致する。だが、「消耗型リーダーの性質を持つ人物が、増幅型リーダーになれるものなのか？」という疑問を抱く人もいるだろう。その変化は本物なのか？　歳を重ねなければ身につかないのか、努力をすれば若くてもなれるのか？……

ここからは、そうした疑問に答えつつ、実現のための道すじを示していこう。

「共感」で終わらず、「決意」しよう

私たちの主張を聞いた人は、たいてい次のような三段階の反応を示す。

①共感する――「消耗型リーダーと増幅型リーダーの違いを非常によくとらえている」とか「自分も実際にこうしたリーダーと接し、影響を受けたことがある」と言う。「こういうリーダーっているいる！」と。

②自分のなかの消耗型リーダーに気づく――自分のなかに消耗型リーダーの要素があると打ち明ける。ほんの少しだけ、という人もいれば、習い性になっているという人もいる。また、善意のつもりがメンバーの力を削いでいたと初めて気づく人もいる。

③増幅型リーダーになることを決意する――自分のなかの消耗型リーダー的傾向に気づいた人たちは、増幅型リーダーに少しでも近づきたいと願う。しかし、そのために要する努力を思うと怖じ気づく人も多い。

20年近く大企業の管理職として働いた私には、増幅型リーダーになるための学びがなぜ大変に感じられるかがよくわかる。多くの国や組織の文化は、消耗型リーダーに味方するものだ。増幅型リーダーの導き方はふつうとは違う。消耗型リーダーへの道を進むほうが、ずっと抵抗が少ないだろう。

だが、そうした文化のなかでも、自らに挑戦し、増幅型リーダーとなり、このやり方の利点に気づいたリーダーがたくさんいるのも事実だ。

たいていの人がぶつかる障害

増幅型リーダーとしてふるまいたいと考えたとき、たいていの人がぶつかる障害は、次のふたつだ。

①消耗型リーダーのもとから抜け出せない――増幅型リーダーを目標にする人からよく聞く

のは、「私もそんなリーダーになりたいけれど、上司がそうじゃないからできない」という声だ。つまり、悪いリーダーの呪縛である。

最初にこの言葉を聞いたのは、大企業の経営幹部のジムからだった。ジムは知性を尊ぶ家庭に育ち、質問に答えられないのはいけないことだと教えられてきた。聡明で成績も常に優秀、一流大学に進んで仕事でも成功した。彼の市場や事業に関する豊富な知識は、キャリアを築く土台になった。だが、今の仕事についてから、それまでのやり方が効かなくなった。というのも、彼の上に立つ社長が消耗型リーダーだったからだ。ジム自身も、すべてを知りたいという欲求が強すぎて、周囲の人たちの能力を阻害していた。

このままではいけないとジムが自覚したのは、フィードバックを受け、問題を認識してからだ。それからの彼は、増幅型リーダーとして、思考と習慣をどう変えるかを考えつづけた。その過程で希望が芽生えると、ますます熱心に追求するようになり、同僚やチームメンバーから前向きな評価も得るようになった。だが、自分の上司がどう反応するかを考えると、希望が落胆に変わっていった。「やっぱりうまくいくはずがない。あんなボスだから。彼のやり方は違う。私が変わっても意味がないんじゃないか?」

ジムがそう思うのも無理はなかった。じつは、私は彼の上司を知っていて、その人はたしかにジムのやり方を快く思っていなかった。とはいえ私は、新しいやり方がとくに反対されはしないだろうとわかっていた。もし、ジムが増幅型リーダーとして行動すれば、組織の業績は上がり、その結果が認められるはずだからだ。そこで、ジムにこう聞いてみた。「ジム、ボスよりも自分のほうがいいリーダーになれると思ったことはある?」。彼の顔を見ると、そんなことは考えてもみなかったとすぐにわかった。そこで、もう一度聞いた。「ボスよりもいいリーダーになれるって考えたら、どうなるかしら?」

自分が上司の真似をする必要はない、リーダーのあり方は上司と同じとはかぎらないという考え方に、ジムは驚き、ほっとしたようだった。それからの彼は、新しいやり方でリーダーシップを発揮した。語るより聞き、自分よりも他人の知識にスポットライトをあてた。

彼は上司を超え、その後ふたつの会社のCEOになった。

多くの組織では、上司よりもいいリーダーになることは期待されていない。そればかりか、許されない場合もある。組織図の階層がガラスの天井となり、リーダーとしての成長をはばんでいる。それでも私は「消耗型リーダーのもとで、増幅型リーダーは成長できるのか?」「消耗型リーダーのもとで働きながら、自分は増幅型リーダーになれるのか?」といった問いに、「イエス」と答える。成否のカギを握っているのは、あなた自身だ。

②仕事が忙しすぎてできないと思い込む——多くのリーダーはすでに膨大な量の仕事を抱え、学びの時間をとる余裕もない。消耗型リーダーはとくに、いつも時間に追われている。もうおわかりのように、彼らは独裁者のように重箱の隅をつついて、すべてに答えを出しているからだ。

消耗型リーダーはメンバーの足を引っぱるだけでなく、トップに立ちつづけるために自分自身をも疲れ果てさせている。

増幅型リーダーになるには、たしかに投資が必要だ。周囲の人に自分がどんな影響を与えているかを理解し、新しい習慣を身につけるには、努力も欠かせない。だが、仕事量が増えるわけではない。むしろ、手を抜くことがいちばん効果的なやり方だったりする。

手抜きでいこう

私はモーレツな完璧主義のエリート集団のなかで育ってきた。だから、クライアントに「手抜きでいいんですよ」と言うと驚かれることが多い。

でも、このアドバイスは気休めではない。実際、重要なことほど手抜きで成功するケースが多い。正しいツールさえあれば、無理をしなくてもいい。適切な場所に適切な方法で適切な量だけ努力を注げばいいのだ。

仮に、あなたが自宅で電気製品を修理しはじめたとしよう。外箱を開けるためには、六角ネジをゆるめなくてはならない。あなたは引き出しからペンチを取り出し、ネジの両側をはさんでまわそうとする。だが、どうしてもぴったりとはさめない。別の方向からはさんでみるが、やっぱりうまくいかない。必死になって汗をかいても、びくともしない。そのとき、工具に詳しいルー

「手抜き」に挑戦しよう

手抜き法	やり方
①両極に集中する	リーダーとしての習慣を見直し、集中すべき点を次の両極に絞る。 ⓐもっとも苦手な部分を改善する ⓑもっとも得意な部分をさらに伸ばす
②あえて思い込みから始める	増幅型リーダーの思い込みを取り入れ、それに従って行動する
③ひとつの課題を30日間続けてみる	五つの習慣のなかのひとつを選び、それに30日間毎日挑戦する

ムメイトが、六角レンチを手渡してくれたらどうなるか。レンチはたちまちネジにぴったり収まり、ほとんど力を加えずに、ネジをゆるめることができるはずだ。

増幅型リーダーも、これと似ている。すべてを一度に改善しようとしたり、五つの習慣をいつなんどきでも守ろうとすると、膨大な力を注ぐにもかかわらず、かえって進歩が見られない。そうなると、あきらめてしまう可能性も高くなる。そうではなく、適切なツールと姿勢とで手を抜いたほうが、自分もメンバーも追いつめられず、持続的に進歩できる。

上に挙げたのは、増幅型リーダーになるための三つの手抜き法だ。このなかのひとつを実践するだけでも、あなたの成長は加速され、適度の努力で多くの結果を得られるだろう。

このように、適切な取り組み方さえ覚えれば、誰でも増幅型リーダーとして人を導くことができるようになる。その実例として、最初の一歩を踏み出して効果を実感しはじめた人たちを、三つの手抜き法に則して紹介してみよう。

「手抜き」を成功させる三つのポイント

①両極に集中する

２００２年、ジャック・ゼンガーとジョー・フォークマンは、著書 *The Extraordinary Leader* で、興味深い研究成果を発表した。

彼らはまず、８０００人のリーダーに関する３６０度評価の結果を収集し、平均的なリーダーと非凡なリーダーを隔てる要因を調べあげた。すると、周囲の人に「とくに際立った強みがない」と見られていたリーダーは、能力が全体の下位三割に属すると評価されていたのに対して、「ひとつだけ際立った強みがある」と見られていたリーダーは、上位三割に属すると評価されていることがわかった。ひとつの際立った強みがあるだけで、リーダーとしての評価がほぼ二倍になっていたのだ。さらに、際立った強みがふたつ、三つ、四つと増えるにつれて、評価はより上位になった。つまり、この結果は、極端な弱みがないかぎり、リーダーは万能でなくてもいいことを示していた。

そうとわかれば、増幅型リーダーのすべての習慣に秀で、すべての実践をマスターする必要はない。実際、私たちの研究でも、増幅型リーダーの多くは五つの習慣すべてに優れているわけではなかった。大半は、三つの習慣だけに秀でていた。四つか五つの習慣すべてに秀でている人もなかにはいたが、最低三つに秀でていれば、増幅型リーダーと見なされていたのだ。ただし、増幅型リーダーは五つのどの習慣でも、消耗型リーダーほどひどい評価は受けていなかった。大きな弱点はないということだ。

スペンサー・カプランは、世界的な消費財メーカーの営業オペレーション部長だ。彼は営業チームを稼働させ、いくつかの販路をまたいでリーダーたちが共有できる、オペレーションのインフラを管理していた。

しかし会社はスペンサーに、グローバル事業全体を支えるための、より重要で複雑な責任を担わせたいと考えた。そこで、彼に３６０度評価を受けさせ、結果を分析した。最初はデータが多すぎて、どのスキルを伸ばすべきかわからなかったが、次第に、注目すべき強みと弱みの両極が浮かび上がってきた。

スペンサーのいちばんの強みは、誰からも信頼できる助言者だと見なされていることだった。同僚は彼の判断力と客観的な分析を信頼し、エゴ抜きで仕事をする人物だと評していた。全社から人材を集め、協力的な解決につなげる能力でも知られていた。一方、いちばんの弱みは、花形マネジャーである彼自身とチームの力の差が大きすぎることだった。彼は会社にはいろいろ助言していたが、自分のチームは十分に育てていなかった。そのことは、関係者からのフィードバッ

「両極に着目する」という作戦

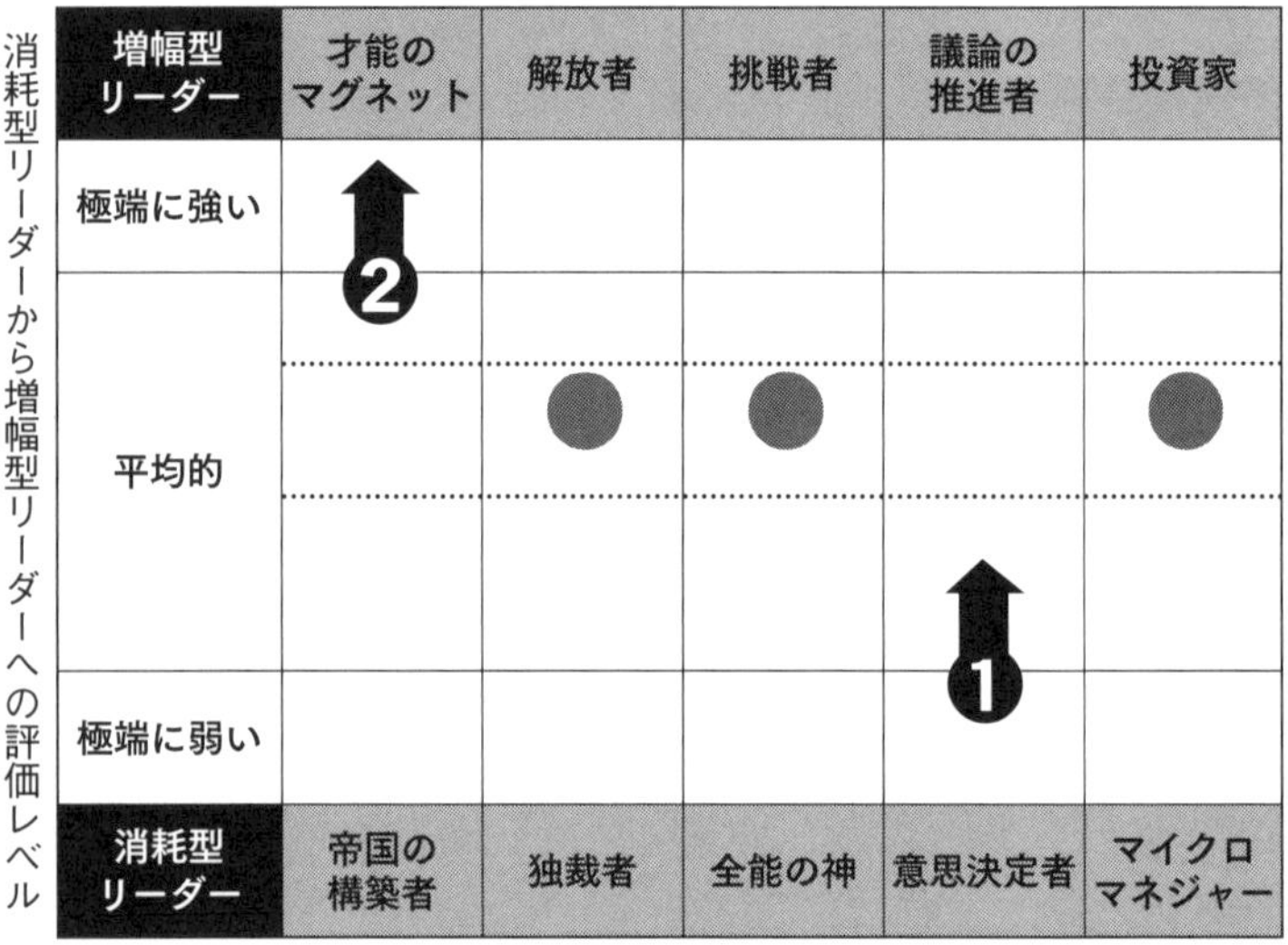

クにもはっきりと現れていた。スペンサーのチームメンバーが彼と同じスピードで能力を上げないかぎり、さらに重要な役割を負わせることはできないと思われた。

そこで、スペンサーはコーチとともに、いちばんの強みを伸ばしつつ、弱みを改善する計画を練ることになった。最優先目標は、自分のチームを活かし、いちばんの弱みを底上げすることだ。彼は「投資家」の習慣にならい、本物の責任をチームに与え、彼らにより重要な役割を与え、仕事を最後までやらせた。自分は一歩下がって指導にまわり、彼ら自身に経験を積ませ、その経験をもとに教え、育てていった。

その一方で、信頼されるアドバイザーとしての強みもさらに伸ばした。スペンサーは、協力的な解決策を生み出すだけでなく、徹底的な議論を先導したいと願っていた。彼の会社はデータを重視していたから、「議論の推進者」になることは、信頼されるアドバイザーという強みの延長線上にあった。そこで主要プレーヤーを集め、課題を整理し、データに基づく徹底的な議論を促していった。解決できそうにない、難しい事業課題にも取り組んだ。

このふたつの目標を定めて以降、スペンサーは他のフィードバックを気にしないことにした。増幅型リーダーの他の習慣も実践してはいたが、最優先ではなかった。彼にとってなにより重要なことは、あくまでチームと彼自身（とおそらく全社）の成長を妨げている最大の弱みを底上げすること、そして、強みをもう一段引き上げることだった。

あなたも増幅型リーダーを目指すなら、五つの習慣すべてに強くなろうとするより、両極に着目した計画を練ったほうがいい。リーダーとしての自分の行動を見直し、いちばんの弱みを改善し、いちばんの強みをさらに強化するのだ。

なお、私たちは研究を進めるなかで、増幅型リーダーの評価ツールも開発した。興味のある方は、www.multipliersbook.com でご覧いただきたい（英語のみ）。この360度の評価ツールは、あなたの相対的な強みを発見するきっかけになるだろう。

ⓐ弱みを底上げする　経営者のコーチングでよく誤解されるのは、「弱みは強みに変えることができる」または「弱みは変えなくてはならない」という考え方だ。これまでも、クライア

ントからたびたび、「ここがすごく苦手なんだが、いちばん得意になりたい」と言われてきた。不可能ではないが、現実には、いちばんの弱みが最大の強みになることはあまりない。そもそも、すべてにおいて優れている必要はない。あまりにもひどいのはまずいというだけだ。弱みを底上げして、平均的に受け入れられるところまで持ってくれば十分だろう。現実的な目標を掲げたほうが、もうひとつの課題である「今の強みにさらに磨きをかけること」に力を入れる余裕もできる。

ⓑ強みをさらに磨く　ゼンガーとフォークマンが発見したように、いくつかの際立った強みを持つリーダーは、幅広い能力を持つリーダーよりも評価が高い。本書に紹介した五つの習慣のうち、あなたがもっとも得意な分野はどれかを見定め、それについては卓越できるようにさらに磨いていこう。一流の「挑戦者」になってもいいし、「才能のマグネット」として名をあげてもいい。賢くエネルギーを投資して強みをさらに強めることで、「いい」リーダーから「偉大な」リーダーに成長するのだ。

②あえて思い込みから始める

ボーリングでストライクをとるためには、ヘッドピンをねらわなければならない。ヘッドピンのやや右か左の正しいスポットにボールが入れば、ストライクになる。このやり方は、増幅型リーダーになるためにも役立つ。人間の行動は思い込みに連動して自然に生じる。だから、正しい思い込みさえ取り入れることができれば、自動的にねらった行動もマスターできるというわけだ。

では、正しい思い込みとはどういうものか？

あなたが今、マーケティングマネジャーのジャンティ・グプタと、毎週の一対一ミーティングを始めるところだとしよう。じつはあなたは経営陣から、チームのなかからひとりを指名して、全社的なプロジェクトに参加させるようにと言われていた。そこで、ジャンティを選んだ。プロジェクトの目的は、自社の競争的ポジションを分析し、時流に合ったマーケティングプログラムの案を作ることだ。あなたは、この一対一のミーティングで、ジャンティにその任務を説明し、準備させようとしている。

消耗型リーダーの思い込み――もしあなたが、「自分がいなければメンバーたちはなにもできない」と思い込んでいたら、あなたはおそらくジャンティを自分の代理、つまり、あなたの目となり耳となる役割と位置づけるだろう。プロジェクトに参加したジャンティは、情報を集め、自分に報告し、自分が課題を考えるのだ、と。だからジャンティにも、君は私の代わりだよと説明し、うちの部署について誤った印象を与えないよう注意してほしいと言うだろう。

するとどうなるか？　ジャンティは会議に長時間を費やすものの、プロジェクトにはほとんど貢献できない。あなたに言われた役割以上のことをしないよう注意し、発言するチャンスを見逃

思い込みを修正すれば、行動は自然に変わっていく

目標	消耗型リーダーの思い込み	増幅型リーダーの思い込み
才能のマグネット	メンバーは私に報告義務があり、自分が命令しなければなにもできない。	メンバーのなかに才能を見つければ、それを活用できる
解放者	上からの圧力が業績を上げる	最高のアイデアは自発的に生まれるもので、もぎ取るものではない
挑戦者	自分がすべての答えを知っていなくてはならない	挑戦することで、人は賢くなる
議論の推進者	耳を傾ける価値のある人は少ない	みんなが協力すれば、問題を解決できる
投資家	私がいなければ、メンバーは問題を解決できない	メンバーは有能だから、自分で解決策を見つけられる

し、賛否両論のあるトピックを避け、自分の意見が決定に影響を与えないようにするからだ。あなたの言いなりのジャンティの態度は、いずれ問題視される。プロジェクトチームのリーダーが、「あなたの部署は、自分たちの利益に反することには積極的に参加しなかった」と言い、それは全社に広まるだろう。あなたは、そのことを人づてに聞くことになる。

増幅型リーダーの思い込み——あなたがもし、「メンバーは独力で賢明に解決できる」と信じていたら、ジャンティに、君を指名したのは、市場の理解とプロジェクトに必要な、膨大なデータの収集能力に優れているからだと、はっきり伝えるはずだ。また、彼女がこの部署全体を代表していると同時に、プロジェクトを実行する責任も負うことを告げるだろう。入念にデータをそろえて会議に臨み、自分の頭で考えて議論に参加するよう助言もするはずだ。さらには、このプロジェクトはジャンティ自身のプロジェクトであること、しかしジャンティが一緒に考えたいなら、いつでも相談にのることも伝えるだろう。

するとどうなるか？　ジャンティはプロジェクトに積極的に参加し、競争環境について新たな知識を得て、あなたのチームに利益をもたらすマーケティングプログラムを考えるだろう。プロジェクトチームのリーダーを感心させ、「あの部署にはいい人材がいる」と思わせるはずだ。

このように、思い込みはものの見方と行動を形作り、最終的には結果に大きな影響を与える。増幅型リーダーを目指すある人は、思い込みを修正しはじめたら、あらゆるところに新しいチャンスがあることに気づいたと語った。仕事の多さに圧倒され、他人の仕事をやり直さなければいけないとイライラする代わりに、彼はこう自問することにしたのだ。「自分を中心に置かずに、この状況を改善するにはどうしたらいいだろう？」

③ひとつの課題を30日間続けてみる

いちばん効果的で長続きする方法は、新しいやり方を小さな実験で次々と行なうことだ。小さな実験で成功すれば、次の少し大きな実験に挑戦する力がわいてくる。それを繰り返すうちに、新しい行動パターンもできてくる。

「30日間チャレンジ」は、実験のサイクルを生むきっかけになるものだ。なぜ30日か？　新しい習慣を作るには、およそ30日の集中した努力が必要だと言われているからだ。できれば、優秀なリサーチャーがやるように、30日間の記録を残してみよう。そうすれば、うまくいったこととい かなかったことがはっきり見えてくる。

参考までに、ここでは5人のリーダーと経営チーム（実名を伏せたケースもある）が行なった、30日間チャレンジの結果を紹介しよう。

才能を掘り出し、指摘する——製造工場のチームリーダーだったジャック・ボシディは、会議のあり方に疑問を抱いていた。その場を支配するのはいつも数人のメンバーで、他のメンバーは引いている。不思議なことに、いちばん口数の多い人物は、自分がいちばん活用されず低く見られていると感じていた。

そこで、ジャックは30日間チャレンジに乗り出した。30日間にわたって全員の才能を観察し、それぞれの天賦の才をノートにとったのだ。そして次のミーティングで、彼はメンバー一人ひとりに、なぜ君がこのチームに必要なのかを、それぞれの独自の能力に基づいて語った。そのうえで、チームとして次の四半期にやるべきことを見直し、分担を決めた。はっきりとそう頼んだわけではないのに、自然に個々の才能を活かした分担が与えられた。

すると、チームで低く見られていたあの口数の多いメンバーの発言が減った。そのぶん他人の意見を聞くようになり、仲間の能力を引き出すようになった。増幅型リーダーを目指すリーダーのもとで、そのメンバーはチームを支配するのをやめ、才能を伸ばすことに向かいはじめたのだ。彼はジャックにこう言った。「今やっと、本当のチームになれた気がします」

おとなしいメンバーの殻を破る――クリスティーヌは、管理職によくある難題を抱えていた。

「頭はいいが臆病なメンバーから、どうやって能力を引き出すか?」。ロケッシュもそんなメンバーのひとりだった。彼はいつも他のメンバーのアイデアに従い、自分の意見を言わない。誰かが勧めることにうなずいてばかりで、まるで自分の意見などないようだった。彼とのミーティングでも、気がつくと八割はクリスティーヌが口を開き、あれこれと語りすぎていた。彼女が「メンター」として指導するほど、ロケッシュの口数は少なくなっていった。彼を助けようとすればするほど、逆効果になったのだ。

そんなクリスティーヌの30日間チャレンジは、「ロケッシュに居場所を作ることで、解放者になろう」だった。まずは自問した。「ロケッシュには、どんな才能があるだろう?」。すると、消耗型リーダー的な思い込みから離れ、視野が広がった気がした。ロケッシュの才能(経験の豊富さと、複雑な活動を実行可能な計画に落とし込む能力)が目に入るようになり、彼に質問することも、答えを待つことも簡単にできるようになった。

変化はたちまち現れた。ロケッシュが意見を出しはじめたのだ。これまでより一・五倍も話すようになり、実行計画のほとんどは彼が自発的に作っていった。クリエイターの役割も進んで担った。クライアントのひとりが「彼はこれまでと違うね」とクリスティーンに指摘した。この経験について、彼女はこう言った。「沈黙は居場所を作ります。居場所は結果を生みます。その結果は価値のあるものです。すでに効果が出はじめています」

生徒に挑戦させる――メレディス・バーンは2年目の高校教師だ。専門科目を教えているが、ひとつのクラスに全学年がいるため、能力の幅があまりにも大きいことに怖じ気づいていた（新入生も最上級生も同じテストを受ける）。かといって、一クラスの人数を減らすこともできそうになかった。

そこで、メレディスはまず、一人ひとりをじっくり観察することにした。驚いたことに、生徒の多くが能力を出しきれていないことが見えてきた。続いて彼女は、優等生のブライアンを授業の学生リーダーに指名し、30日間チャレンジを開始することにした。これまでに学生リーダーなどいなかったし、正直なところ、はっきりとしたゴールもなかったが、生徒に挑戦させ、それを見守ることにしたのだ。メレディスはブライアンに、「リーダーとしての目標を自分で決めて、それをやり遂げ、次の学期のリーダーにつなげてほしいの」と告げた。

ブライアンは期待に応えた。ただの優等生から積極的なリーダーへ、めきめきと変わっていったのだ。彼の掲げた目標は、同じ地域の別の学校の生徒と、この科目の知識を競う大会を開くことだった。自由時間を使って数人の生徒と協力し、ブライアンは見事にそれを実現した。「これまでは持てる力の60パーセントくらいしか使っていなかったけど、今はおそらく110パーセントは使っているよ」と彼は言った。

ドッジビルでの話し合い——ウィスコンシン州ドッジビルに本社を置く、ランズエンドの在庫管理部門では、半年に一度は新しい予測システムを作るよう、経営チームから要請されていた。在庫管理の上級管理職はそのたびに会議室にこもり、とりあえずの応急処置的な案を見つける。そして、その案が現場に降りてくると、みんなで身を粉にして実行していた。

だが、今回は違った。在庫管理チーム全員で「議論の推進者」になる目標を掲げ、30日間チャレンジに取り組むことを決めたからだ。上層部から緊急要請がくると、チームは徹底的に議論をし、持続可能な解決策を模索した。経営計画の上級管理職とIT部門（ふつうなら決定のあとに招集される）も引き入れ、提案された解決策の実効性について意見を述べてもらった。課題を整理し、どんなアイデアも排除しないなど、議論の大まかなルールも決めた。チームは一丸となって、自分たちの思い込みを疑った。そして、ついにタイムリーな予測システムを開発した。大胆なアイデアとIT部門の助言なしに、彼らがこれほど実用性の高い解決策にたどり着くことはなかっただろう。

再生可能エネルギーに投資する——グレゴリー・パルは、代替エネルギーのスタートアップ企業で働く、思慮深く熱心な管理職だ。MITを卒業したあと、ハーバードでMBAを取得し、複雑な問題を解決する能力でも知られていた。そんな彼が30日間チャレンジを始めたきっかけは、本書の草稿を読んだことだった。彼はある日、こう打ち明けてくれた。あなたの本を読んで、自分も増幅型リーダーになりたいと思うようになったが、ますます大きくなる仕事のプレッシャーとの板ばさみで悩んでいる。そこで私は、明確な目標を掲げた30日間チャレンジを勧めた。そうすれば、彼のジレンマも解決できると思ったからだ。

グレゴリーはこのころ、ブラジル大使館で豊富な経験を積んだマイケルという才能ある人材を採用したものの、彼を活用しきれていなかった。マイケルはチームのなかでただひとり遠隔勤務するメンバーで、いつも近くにいないために忘れられがちだった。マイケル自身、自分は実力の20〜25パーセント程度しか活用されていないと感じていた。そこで、グレゴリーはこの問題を改善するチャレンジに乗り出すことにした。

彼はまず、いくつかの簡単な試みから始めた。手はじめに、重要な取締役会で発表するブラジル企業との提携戦略のまとめを、マイケルに全面的に任せた。続いて、全社的なミーティングに参加させ、全員が彼の意見を聞けるようにした。その間、グレゴリーはこまめにマイケルと連絡を取り合ったが、仕事には口をはさまなかった。数週間もしないうちに、マイケルは自分の力が75〜80パーセントは活用されていると感じるようになった。じつに三倍もの改善だった。

だがグレゴリーによると、本当の改善は、ものの見方をほんの少し変えたことがきっかけだった。増幅型リーダーの眼鏡を通して周りの人を見はじめたとたん、目の前にチャンスが現れたのだという。自分の役割を違う視点で見たことで、行動も変わりはじめた。以来、グレゴリーは自分が介入してイライラしながらメンバーの仕事をやり直すのをやめ、一人ひとりのアイデアを一段上のレベルに上げることに力を注ぐようになった。支配せずに導くことができるようになったのだ。

私たちは、企業リーダーや前線のマネジャーが30日間チャレンジに取り組む姿に刺激を受けてきた。彼らが苦労や成功を記録した日記を読むのが楽しみだった。そのうちの多くは、本書やオンラインの www.multipliersbook.com で公開されている。サイトで彼らのストーリーを読み、ツールをダウンロードして、あなた自身が30日間チャレンジに取り組むこともできるだろう。もちろん、その成功を分かち合うこともできる。

勢いを維持するには？

30日間チャレンジは、増幅型リーダーへの第一歩として、きっかけと勢いを生み出す。しかし、お手軽な成功だけでは、真の増幅型リーダーにはなれない。その勢いを持続するには、時間をかけた反復と強化が必要だ。

①一つひとつ層を重ねる――モーリス・ラヴェルのボレロを初めて聴いたのがいつだったかは、よく憶えていない。だが、その潔さと力強いクライマックスは忘れられなかった。ラヴェル自身が「あまりメロディーがない」と語ったこの曲は、繰り返しとクレッシェンドの極みといってもいい。シンプルなふたつのメロディーが15分の間に18回も繰り返される構成で、繰り返すごとに新しい楽器が加わる。オーケストラの演奏は徐々に活気を増し、力強く、壮大になっていく。始まりはフルート。次にファゴット。そこにクラリネットが加わり、オーボエ、トランペットと続く。まもなく弦楽器、木管、金管楽器が加わって音はさらに深みを増す。楽器が加わるごとに、強まる勢いとエネルギー。柔らかなフルートの音から始まるこの曲は、４０３７回のスネアドラムのリズムに合わせながら、オーケストラ全体でこのシンプルなメロディーを壮大に響かせるま

で、クレッシェンドを続ける。

増幅型リーダーの技の習得も、このボレロと同じだ。ひとつずつのスキルを繰り返し、積み重ねながら憶えていくと上達する。すべての前提になるのは単純な考え方――「人はみな有能で、リーダーの仕事はその能力を引き出すことだ」である。この前提さえあれば、どんなリーダーも自分を抑え、周囲の意見を聞けるようになる。組織に潜む思い込みをくつがえすような的確な問いも投げかけられるようになる。問いかけることで、組織に挑戦させ、その姿勢を確立できるようにもなる。さらには、重要な決定にあえて疑問を投げかけ、素晴らしい議論の推進者になれる。ひとつずつスキルを積み重ねていけば、誰でも達人の技を身につけ、ついには人々に大きな影響を与えることができるようになるのだ。

②1年間問いつづける――勢いだけならすぐにつけられるが、達人になるには時間がかかる。マルコム・グラッドウェルは著書『天才!』(講談社)で、アンダース・エリクソンらの研究を引用し、専門性や達人の技は、時間と練習の掛け合わせで身につき、正確には最低一万時間が必要だと言っている。また、達人の技は何年間もの練習の繰り返しでようやく身につくが、土台となる力だけに限ると、目的を持った努力を1年続ければ獲得できるという。

思慮深いディネッシュ・チャンドラは、同じ疑問をずっと自問しつづけていれば、最高の仕事ができると信じている。だから、周囲の人にも絶えず「今年、君が自問していることはなんだい？」と聞く。彼は毎年、自分の前提を見直し、学びのきっかけとなるような問いかけを自分にしつづける。そんなデニッシュに触発されて、私も数年前にある問いを発してみた。「私の学びの妨げになっている知識はなんだろう？」。こう問うことで私は、無理やり自分を現在の知識の外に押し出した。そして1年間、これを問いつづけたところ（いまだに考えている）、自分の知識の限界を超え、人々の能力を発見し、それに近づくことができるようになった。

増幅型リーダーの精神を見習いたいなら、次のような自問を1年間しつづけてみるといい。

●なにが周囲の人をより有能にするだろう？
●メンバーに自由を与えたら、彼らは自力でなにを解決するだろう？
●チームや組織の頭脳をフルに引き出すには、どうしたらいいだろう？

または単純に、

●周囲の人の能力を増幅するにはどうしたらいいだろう？

でもいい。とにかく、こうした問いかけを1年間（あるいはもっと長く）何度も繰り返していると、深い学びが生まれ、確実に達人の技に近づくことができる。

③コミュニティを作る——あるとき、私の3人の友人が、「一緒に柔道の黒帯をとる」という挑戦に乗り出した。毎週練習を続けるうちに最初の気合いは薄れてきたし、辞めたいという誘惑にも駆られたが、彼らは励まし合って練習を続け、ついに全員、黒帯をとった。のちに、そのうちのひとりはこう言った。「本当は毎週、誰かが練習に行きたくないと思ってたけど、仲間をがっかりさせたくなかったからね」

仲間の前向きなプレッシャーは、どんなときでも勢いを保つ強力な武器になる。実際、30日間チャレンジでもっとも成功するのも、集団で取り組む人か、相談役とお目付け役の両方をしてくれるパートナーがいる人だ。

あなたも、組織のなかのコミュニティをうまく使って、きっかけと勢いを維持していこう。この本を読んで挑戦しようと思った同僚や友人を見つけて、数名で小さく始めるといい。オンラインの学習コミュニティを作ってもいいだろう。あるいは、増幅型リーダーを目指す世界中のリーダーのコミュニティに参加することもできる。増幅型リーダーのチームが作るオンラインのコミュニティがどんなものになるのか、とても興味深い。

最高の考えと大胆なアイデアを恐れずに分かち合うには、どうしたらいいだろう？　挑戦の精神が根づくにはどうしたらいいだろう？　議論を活発にさせるにはどうしたらいいだろう？　人材を惹きつけて育成し、オーナーシップを与えるにはどうしたらいいだろう？

仲間と力を合わせれば、あなたがすべての答えを知る必要はないし、すべての問いを知る必要もない。互いの才能を頼りにしよう。

もう一度、効果を確認する

グレッグも私も、増幅型リーダーの考え方を説明すると、よくこう聞かれる。「それって本当に効果があるんでしょうか?」。増幅型リーダーとして導くことは、あなたにとって、メンバーにとって、組織にとって、社会にとって、本当に意味があるのか。ここでひとつずつ見ていこう。

第一に、増幅型リーダーのもとで働くメンバーは、より多くの力を発揮できる。消耗型リーダーの平均二倍。大きな違いだ。増幅型リーダーは、隠れた能力を掘り出し、活用する。100パーセントではなく、120パーセントの能力を引き出す。増幅型リーダーのもとで働くメンバーは、持てる能力とエネルギーを自発的に注ぐようになり、以前よりはっきりと理論づけできるようになり、より深く理解し、より速く学ぶようになる。

メンバーはまた、より大きな力を発揮することで、豊かで充実した経験という見返りを得る。増幅型リーダーのもとで働く人は、「クタクタだけど気持ちは高揚している」と口々に言う。ある女性は、「すごく疲れているけれど、またやりたい。燃え尽きたという感じではなく、築き上げたという感じなんです」と話してくれた。あなたが増幅型リーダーになれば、きっとメンバーがあなたのところに押し寄せる。そして、メンバーにも組織にも、非凡なリターンをもたらす。

そう、増幅型リーダーは組織にも大きく貢献する。今、組織の大半は、新しい挑戦と人材不足の板ばさみになっている。急速な成長を遂げていたスタートアップ企業も、かつての「頭数を増やして問題を解決する」という戦略から、「頭数を増やさずに競争に勝つ」戦略へと転換を迫られている。既存の人材活用は、今やどこでも重要戦略だ。フォーチュン500企業のある部門では、3人にひとりが持てる力の20パーセントも活用していないことが判明した。ここでもし、増幅型リーダーが現れれば、メンバーから二倍の能力を引き出し、組織全体の能力も二倍になる。

もちろん、人材活用は基本的にいつの時代にも重要なことである。たとえ繁栄と成長の時代でも、企業はメンバーの知性と能力を倍増し、組織の限界を伸ばし、拡大する需要を満たすようなリーダーを求める。不況でも好況でも、増幅型リーダーの存在が、組織の成功を左右することに変わりはない。

第三に、増幅型リーダーは社会にとっても重要な存在だ。アインシュタインは、「きわめて深刻な問題は、その問題を生み出したときと同じレベルの思考では解決できない」と言ったが、増幅型リーダーは二倍の能力を引き出して、繰り返される問題に対処する。もし、彼らがまだ活用されていない世界中の頭脳を開花させれば、どんなに素晴らしい解決策が生まれるだろう。もっとも複雑で大切な社会問題を解決するには、今あるすべての知性を引き出し、それを活用できるリーダーがなんとしても必要だ。

かならず、変われる

第4章で私は、高さ417メートルあるツインタワーの間を綱渡りしたフィリップ・プティを紹介した。綱を張った時点では、まだ引き返すことができた。だが彼は綱に重心を移し、最初の一歩を踏み出した。

本書をここまで読んだみなさんもまた、フィリップのように片方の足を「現状維持」という建物にかけ、もう片方を「変化」という綱にかけているのかもしれない。今なら、綱にかけた足を引き、後ろの建物によりかかり、これまでと同じやり方で人を導くこともできる。あるいは、綱の上に重心を移し、増幅型リーダーへの道を歩むこともできる。ビルに寄りかかっていれば、居心地がいいし安全だ。だが、多くの人はなんらかの力で綱に引き寄せられ、影響力と充実感のある本物のリーダーとなることを望む。あなたはどちらだろうか？

増幅型リーダーになれるかどうかは、日々の選択に、あるいはおそらく一瞬一瞬の選択にかかっている。あなたはどんな行動を選んでいるだろう？　その選択は周りの人にどんな影響を与えているだろう？　あなたの導き方は、チームや直属のメンバーばかりか、その次の世代にも影響を与えていないだろうか？

ひとりのリーダーが無意識の消耗型リーダーから増幅型リーダーになるだけで、思わぬところにまで大きな影響を与えていく。

消耗型リーダー的な考え方が事業全体の足を引っぱっている組織で、ひとりが増幅型リーダーに変わったらどうなるだろう？　社員の力を50パーセントしか活用していない組織が、100パーセントの力を引き出したらなにが起きるだろう？　無意識の消耗型リーダーが増幅型リーダーになれば、聖杯を見つけたガラハッド卿のように、ひとりの力が十倍にもなる。増幅型リーダーは、周囲の全員の力を引き出すからだ。増幅型リーダーは能力を開花させる。ひとりでもいいから、増幅型リーダーがいることが大切なのだ。

教育現場の失敗の根底には、消耗型リーダーの考え方があると言っても過言ではない。もし、校長が増幅型リーダーとなり、教師や両親や生徒たちにより大きなオーナーシップを分け与えたら、学校はどんなふうに変わるだろう？　もし、学生と教師がともに増幅型リーダーの原則を学んだら、なにが起きるだろう？　両親が家庭で増幅型リーダーのようにふるまったら、家族はどうなるだろう？

世界の政府の多くは行き詰まり、崩れかけてさえいる。しかし、市民リーダーが増幅型リーダーとして挑戦の種を撒き、地域社会に答えを求めたらどうか？　徹底的に議論を交わし、コミュニティの力をフル活用すれば、もっとも複雑な課題にも答えることができるかもしれない。増幅型リーダーなら、集合知と能力を最大限に活かすことができる。

組織にも、学校にも、家庭にも、消耗型文化がはびこっている。だが、それは必然ではない。間違った思い込みによって成り立つ文化は、人間の仕事と生活の本質に反する。歴史上の多くの帝国がそうだったように、そのような文化はいずれ滅ぶ。

波乱の時代に生き残れるのは、豊かな能力を掘り起こし、正しい前提のもとにそれを活用する人と組織だけだ。

あなたの選択で、世界は変わるのだ。

増幅型リーダーになるために

手抜きでいこう！

正しい原則とツールを使って、適度な努力で最大の結果を得よう。

加速ツール

❶両極を改善する：リーダーとしての自分の習慣を振り返り、両極を改善することに力を注ぐ

- もっとも苦手な部分を引き上げる
- もっとも得意な部分をさらに高いレベルに押し上げる

❷あえて思い込みから始める：増幅型リーダーの思い込みを取り入れ、それに従って行動する。

- メンバーの天賦の才を見つけることができれば、それを活用できる
- 最高のアイデアはメンバーから自発的に生まれるもので、強制されるものではない
- 挑戦させると人は賢くなる
- 大勢の人が頭を使えば、きっと解決できる
- メンバーはみな有能で、その気になればなんでもできる

❸ひとつの課題を30日間続けてみる：五つの習慣からひとつを選び、さらにそのなかからひとつの実践項目を選択し、それを 30 日間続ける

勢いを維持する

❶一つひとつ層を重ねる

❷１年間問いつづける

❸コミュニティを作る

資料

頭を整理し、実践に勢いをつけるために

資料A　調査プロセスについて

この資料Aには、消耗型リーダーと増幅型リーダーの違いについて、私とグレッグが行なってきた調査の記録を収めている。

以下、そのプロセスを、①調査の下準備、②調査そのもの、③増幅型リーダーの育成モデル、の三段階で記す。

①下準備

調査チーム　調査チームの中心メンバーは私とグレッグだが、C・K・プラハラードも非公式ながら重要な調査アドバイザーとなってくれた。多くの人がこの本の調査に貢献してくれたが、中心メンバーはこの3人である。

リズ・ワイズマン＝ブリガム・ヤング大学マリオット経営大学院組織行動学修士
グレッグ・マキューン＝スタンフォード大学経営大学院ＭＢＡ
Ｃ・Ｋ・プラハラード＝ミシガン大学ロス経営大学院ポールアンドルース・マクラーケン特別教授

質問　「消耗型リーダーと増幅型リーダーの決定的な違いはなにか？　それは組織にどんな影響をもたらすか？」。私たちは反復的なプロセスを通じて、この質問の精度を上げていった。

この質問はもちろん、両者の比較を目的としている。私たちは、増幅型リーダーを研究するだけでは十分ではないと考えた。ジム・コリンズが言ったように、オリンピックの金メダリストだけを研究してしまうと、コーチがついていたから、といったおかしな結論に達してしまうこともある。敗者と勝者を比べて初めて、どちらにもコーチがいて、それは勝利の要因でないことがわかるのだ。だから私たちも、増幅型リーダーと消耗型リーダーの両方を調べ、互いを分ける主要因を探していった。

また、質問に答えてもらうにあたっては、カギになる三つの用語を定義した。「消耗型リーダー」、「増幅型リーダー」、そして「知性」である。

消耗型リーダー＝なわばりで区切り、能力のある人材を抱えながら目標を達成するために必要なことをできない、組織またはチームを率いるリーダー。
増幅型リーダー＝難しい問題を理解して迅速に解決し、目標を達成し、時とともに能力を適応させ、増幅させることができる、組織またはチームを率いるリーダー。

知性＝知性にはさまざまな定義があり、70を超える定義を特定した論文もあったが、この調査プロセスにとって重要だった論文のひとつは、１９９４年に52人のリサーチャーが携わったものだった。そのなかでは、知性は次のように定義されていた。「理由づけ、計画し、問題を解決し、抽象的に考え、複雑な思考を理解し、素早く学び、経験から学ぶ能力。それは、狭いものではなく、状況を理解し、把握し、合理的に考え、なにをすべきかを見つける、広く深い能力である」。私たちはこの定義に、「新しい環境に適応し、新しいスキルを学習し、難しい仕事を終わらせる能力」を加えた。

業種の選択　私たちはまず、ソフトウェア会社のオラクルで消耗型と増幅型のリーダーを見たあと、幅広いテクノロジー産業におけるさまざまな企業で、この現象を調査することにした。

テクノロジー産業	企業名
バイオテクノロジー	アフィメトリックス
オンライン小売	アマゾン
家電	アップル

ネットワーキングと通信	シスコ
インターネット検索	グーグル
マイクロプロセッサ	インテル
コンピュータ・ソフトウェア	マイクロソフト
エンタープライズ・ソフトウェア	SAP

②調査

推薦者　私たちは消耗型と増幅型のリーダーを独力で探すのではなく、そうしたリーダーを指名してくれる人たちを見つけることにした。推薦者選びには、ふたつの基準を用いた。ひとつは、成功したプロフェッショナルであること。推薦者は学ぶべき優れた経験を持っている人物であることが重要だった。「恨みつらみ」を抱えている人への取材は、データに偏りが出ると考えたからだ。もうひとつの基準は、およそ10年間の経営経験があること。推薦者自身に、難問にぶつかったリーダーとしての実践的な洞察を求めた。

リサーチャーによる調査　私たちは推薦者に、48項目にわたって、増幅型と消耗型のリーダーを五段階で評価してもらった。標準的な競争モデルや一般的なリーダーシップのフレームワーク、それに私たちが仮説を立てた実践項目をもとに包括的なリストを作り、消耗型リーダーと増幅型リーダーの違いを見分けようと考えた。
この調査には、スキル（たとえば「顧客視点」、「知的好奇心」、「人材育成」、「ビジネスセンス」など）と基本的な考え方（たとえば、「自分をソートリーダーとみなす」、「知性は育つものと考える」など）の両方が含まれていた。私たちは調査結果を集計し、いくつかの方法でデータを分析した。消耗型リーダーと増幅型リーダーのもっとも大きな違いを探し、増幅型リーダーの得意分野と考え方を探した。両者に特徴的な考え方といちばん相関の高いスキルも探した。

体系的な取材　推薦者との最初のインタビューは、体系的なフォーマットに従った。状況による差異を最小限にするため、同じ順番で同じ質問をし、異なる取材や時間軸を通して、信頼できる回答の集積と比較ができるようにした。一巡目のインタビューは２００７年に開始。すべてのインタビューは２００７年10月から２００９年10月の間に行なわれた。インタビューの平均時間は60〜90分で、対面か電話で行なった。すべての会話は記録され、引用と事例の根拠として保存されている。なお、取材は体系化されたフォーマットに従ったが、各質問にかける時間はある程度各自の判断に任せた。取材フォーマットの概要は以下のとおり。

①メンバーの知性を損なっているリーダーと増幅させているリーダーを、それぞれ指名してもらう。

リサーチプロセス

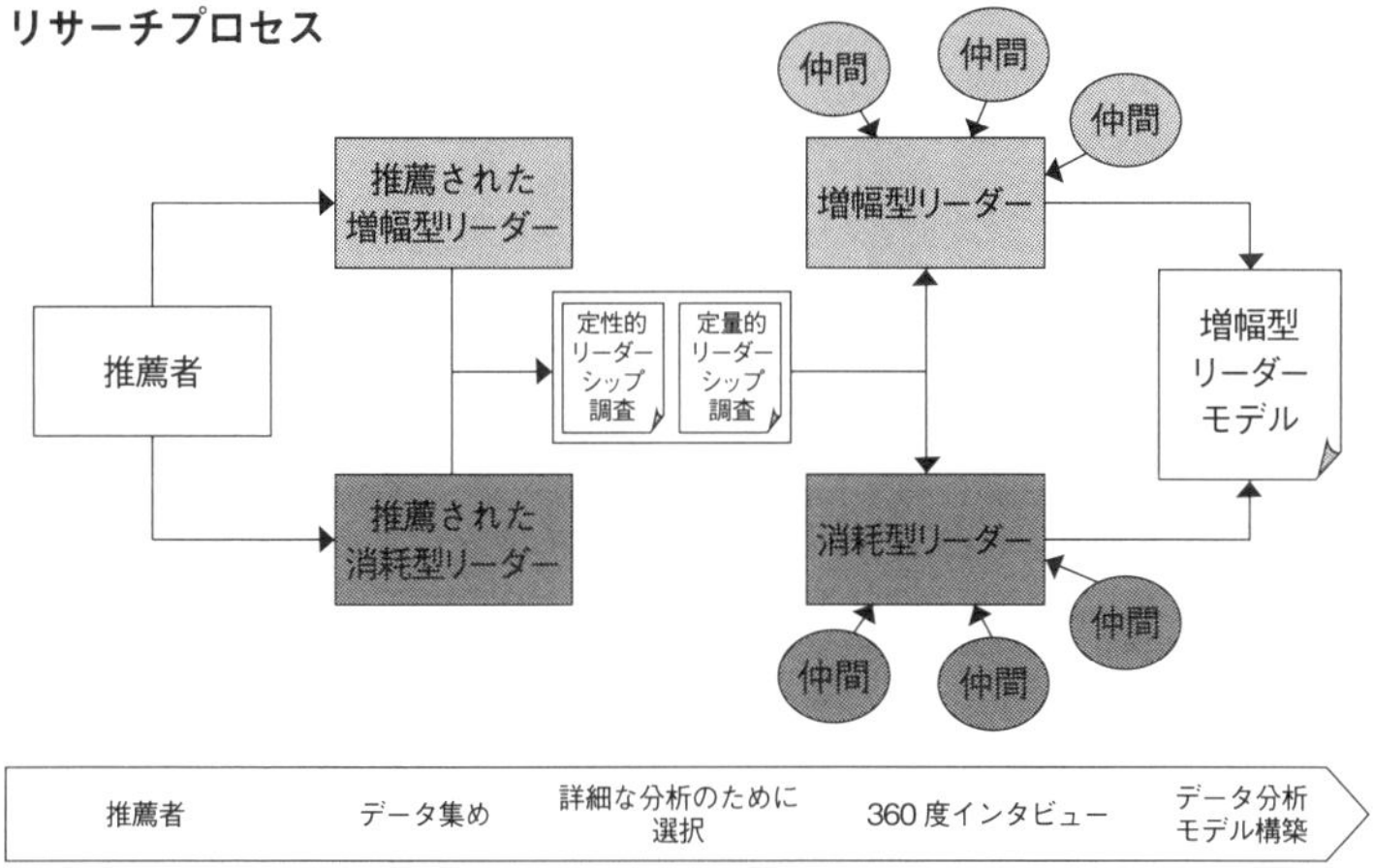

②指名した両方のリーダーについて、その人と働いた経験やストーリーを語ってもらう。

③消耗型リーダーと働いたときの状況、経験、設定について。

④推薦者への影響。消耗型リーダーのもとで、推薦者の能力は何パーセント活用されたか。

⑤チームへの影響。消耗型リーダーがチームに与えた役割、組織全体の考え方への影響について。

⑥リーダーの行動。消耗型リーダーがメンバーに影響を与えるためにしたこと、しなかったこと。

⑦行動の結果。成果、業績など。

⑧指名した増幅型リーダーについて、③〜⑦の質問を繰り返す。

体系的な取材のフォローアップ　二順目のインタビューを行ない、もっとも際立った増幅型リーダーについてさらに情報を収集した。これには次のことが含まれる。ⓐ増幅型リーダーへのインタビュー、ⓑ推薦者との二度目のインタビューで詳細を聞き、理解を深める、ⓒ増幅型リーダーの元メンバーと現在のメンバーに、３６０度の詳細なインタビューをする。

業種の拡大　調査範囲を広げて、１４４人のリーダーを調査した。まず、もともとの調査対象企業からさらに多くの事例を発見し、その後テクノロジーとバイオテクノロジー業界の企業をさらに付け加え、他の営利企業、非営利企業、政府機関を含むあらゆるジャンルを調査対象とした。その結果、調査は四大陸にまたがり、そのなかから多彩なリーダーたちが特定された（資料Cを参照）。次に挙げたのは、取材した増幅型リーダーの所属する組織のリストである。消耗型リーダーの組織リストについては、秘匿性に鑑みて公開を控えた。

産業	事例企業・組織
バイオテクノロジー	ヘキサル／アフィメトリックス
グリーンテクノロジー	ブルームエナジー／ベタープレイス
教育	スタンフォード大学／ヴァイタルスマート
エンタテインメント	ドリームワークス
政府	ホワイトハウス／イスラエル軍
製造	GM大宇／フレクストロニクス
プロフェッショナル・サービス	ベイン＆カンパニー／マッキンゼー＆カンパニー

非営利	ペニンシュラクラブ／グリーンベルトムーブメント／ベニオンセンター／ユニタス
投資会社／ベンチャーキャピタル	アドベント・インターナショナル／クライナー・パーキンス・カウルフィールド&バイヤーズ
小売	ギャップ／ランズエンド／ジンボリー
スポーツ	ハイランド高校ラグビー部 北カリフォルニア州立大学女子バスケットボール部
テクノロジー業界	アマゾン／アップル／シスコ／インフォシス・テクノロジー／ヒューレット・パッカード／インテル／インテュイット／マイクロソフト／SAP／セールスフォース・ドットコム
労働組合	女性自営業協会

③モデル

約400ページのインタビュー原稿を集め、それを何度も読み返し、付き合わせて分析を行なった。その後、この分析を、リーダーシップ調査で集めた定量データと照合した。最後に、厳格な議論を通して、この本の章題となるリーダーシップの五つの習慣を書き出した。

私とグレッグはこの議論の間、徹底的に互いを叩き合った。そのかいあって、この調査がよりしっかりしたものになっていることを願いたい。

資料B よくある質問

【質問】リーダーは消耗型か増幅型のどちらか一方に分類されるものでしょうか？　それとも、その中間のリーダーもいるのでしょうか？

消耗型対増幅型というリーダーシップモデルは一本の線上にありますが、対極にいるのはごく少数のリーダーです。ほとんどは、その中間のどこかにいると考えています。この本を手にとった方は、たいてい消耗増と幅型型の両方の特徴が自分のなかにあることに気づくでしょう。たとえば、こんな例があります。その人物は、頭が良く意識も高い人で、消耗型の典型タイプではなかったのですが、この本を読んで自分が時おり、消耗型リーダーのようにふるまっていることに気づいたそうです。本書ではリーダーのあり方を対照的にとらえていますが、実際には、大多数の人がその中間にいるのです。

【質問】誰でも増幅型リーダーになれますか？　それとも消耗型のふるまいが染みついて、変わることができない人もいるのですか？

消耗型の行動に気づけば、誰でも変わることはできます。重心を移して自分中心の見方から脱する心がまえのある人は、誰でも増幅型リーダーになれるのです。消耗型のリーダーシップにどっぷりとはまって変われない人も少数はいるかもしれませんが、それは例外だと思います。

私たちは研修とコーチングを行なうなかで、人ががらりと変わるのを何度も目にしてきました。たとえば、あるリーダーには、かなり強い消耗型の傾向がありましたが、必死に努力を重ねて、増幅型のリーダーシップを身につけました。周囲の人もその変化に気づきました。その後、この人は別の会社で高い地位に就きましたが、そこではまっさらな状態から増幅型としての取り組みができました。今では誰からも増幅型リーダーと評価され、この考え方を社内の人たちに広めているほどです。

消耗型のリーダーのすべてが絶対に変わるとは言いませんが、大多数は変われます。それは、本人の気づきと意志から始まります。

【質問】企業は消耗型リーダーをクビにすべきではないでしょうか？

賢明な企業なら、消耗型リーダー全員をクビにはしないまでも、重要なポジションからははずすでしょう。消耗型に固執するリーダーは、隔離して周囲に損害を与えないようにすべきです。消耗型リーダーから解放されれば、メンバーの能力も開花しますし、消耗型リーダーの習慣をメンバーが踏襲することもなくなるでしょう。

とはいえ、これは言うは易く行なうは難しです。消耗型リーダーは概して頭が切れますし、威圧的ですから、リーダーの立場に留めておくほうが無難だと思われがちです。それでも、消耗型リーダーを抱える組織のコストを考えれば、行動を起こすべきです。たとえば、ある機械が生産ラインの障害となっていて、稼働率を50パーセントに抑えているとしたら、それがオペレーション上どれだけの高コストかは一目瞭然です。その一台の機械を取り替えるだけで、生産ライン全体の稼働率と処理能力を倍増できるのですから！　重要な立場にいる消耗型リーダーにも、同じことが言えます。彼ら自身はフル稼働していても、周囲のみんなの障害になっているのが現実です。リーダーとして重要な役割を与えるのは、あまりにも高くつくと言えるでしょう。

【質問】消耗型のリーダーシップが必要になる場合はまったくないのでしょうか？

消耗型の取り組みが正当化されることはまずありません。メンバーの能力の50パーセントしか活かせないのに、それが正当化されるとしたら、差し迫った危機があり、リーダーの知見がメンバーよりもはるかに優れていて、メンバーの能力がすぐに追いつける可能性がほとんどない場合でしょう。

ですが、ほとんどの場合は、増幅型リーダーのほうが優れた結果につながります。一見、消耗型のような行動が必要だと思える状況でも、じつはメンバーの知力が必要とされているはずです。問題が複雑で一筋縄ではいかないときこそ、本当は増幅型のリーダーシップが重要なものです。

どんなリーダーも、よかれと思って消耗型の行動をとってしまうことがありますが、それをできるだけ少なくすることを、私たちは勧めています。

【質問】増幅型リーダーはメンバーから二倍の力を引き出せると言いますが、少々大げさに思えます。本当にそれほどの違いがあるのでしょうか？

はい。二倍というとたしかに大きすぎるように思うかもしれませんが、この数字には根拠があります。

資料Aでも説明したように、私たちはまず推薦者に、増幅型リーダーと消耗型リーダーを比較するように頼みました。増幅型リーダーと平均的を比べたわけではありません。二倍というのは、最高と最低を比べた数字です。

それから、私たちはこの質問をあらゆる産業、職種、職階の人たちに繰り返し、その割合が平均として正しいことを確かめました。

また、これほどの違いを生むのは、自主的な努力の結果でもあります。リーダーは、メンバーの生産性が並みか、それ以上か以下かは観察できますが、どれだけの力を隠しているかは、なかなかわかりません。実際、この質問への答えから、ある種のリーダーのもとでは、メンバーがかなりの力を出し惜しみしていることがわかりました。

驚くべき違いではありますが、増幅型リーダーは消耗型リーダーの二倍以上の力を引き出している、という結論は誇張ではないのです。

【質問】増幅型のリーダーシップとは、名前を変えただけで、啓発的リーダーシップと同じなのではありませんか?

増幅型リーダーは、単なる啓発的なリーダーシップと同じではありません。もちろん、増幅型リーダーのもとでは、メンバーの才能が開花し、最高の貢献をしてますます成長しますから、その意味では啓発的であることは間違いありません。しかし、増幅型リーダーは、同時に経営面でも非常に有益な存在です。増幅型の場合、メンバーはより知的に行動し、機敏に問題を解決し、集中的に努力します。そして組織にも利益をもたらします。「啓発的」なだけでなく、「実践的」で「生産的」なリーダーシップなのです。

【質問】増幅型リーダーは消耗型リーダーより成功していますか?

はい。増幅型リーダーは「メンバーからより多くを引き出すこと」に成功しています。調査でも、そのことは驚くほど一貫していました。権威のある有名エグゼクティブでも、メンバーを押さえつけるリーダーは増幅型リーダーに比べてメンバーの能力を引き出せていませんでした。また、キャリアについては消耗型と増幅型の軌跡をすべて調査したわけではありませんが、そのもとで働くメンバーについては調査しました。消耗型よりも増幅型のリーダーといった人のほうが、キャリアの面でも成功を遂げていました。

【質問】文化によってリーダーの評価は変わらないのですか？

これまでに私たちが行なった国際的な調査から、大陸や文化が違っても、このモデルは通用することが確認されています。今後さらに調査を進めていけば、微妙な違いを見つけることができるでしょうし、国によっては、消耗型の傾向がとても強く、企業の伝統や文化も消耗型の前提と習慣に則っているところもあるでしょう。しかし、最初の調査でも、その後の研修でも、ほとんどの人が地域や文化にかかわらず、このモデルに共鳴することがわかっています。

【質問】この本で増幅型リーダーとされた人のなかには、ときとして周囲の人の力を削ぐことで知られる人もいます。この矛盾をどう説明されますか？

私たちにとっても、これは興味深い現象でした。最初の調査データでも、人によって消耗型にも増幅型にも指名されているリーダーがいました。ただ、より細かく見てみると、これは矛盾というより、逆説だということがわかりました。たとえば、狭い範囲なら増幅型リーダーとしての行動がとれるのに、監督範囲が広がると消耗型リーダー的な行動をとってしまう人がいました。それで、そのリーダーから遠くなるにつれ、メンバーは力を奪われているように感じていたのです。すべてのメンバーにとって増幅型リーダーとなるためには、計算された意図と努力が必要です。組織の末端にいる人たちも常に意識しなければ、全員にとっての増幅型リーダーにはなれません。

【質問】はじめに設定した質問の答えには満足していますか？

はい。それはこの本にまとめたとおりです。でも、新たな疑問も生まれました。

優秀なリサーチャーなら当然すべきように、私たちも調査の過程で、新たな問いを立てるようになりました。そのひとつが、どうしたら組織（企業、病院、学校など）のなかに増幅型の文化を生み出せるのか、というものでした。実際にそんな文化を作り上げたリーダーは研究しましたが、ゼロから作り出すにはどうしたらいいのか？　経験から多少はわかりますが、さらに突きつめて研究することで、より厳密な答えを出したいと思っています。

そしてもうひとつ、この研究から生まれた問いがあります。それは、「なぜ、決して消耗型の影響を受けない人がいるのか」というものです。私たちはこの疑問に夢中になりました。調査対象のなかには、消耗型リーダーのもとでもつぶされない人がいました。彼らはどんな状況からも学習し、そのなかで成長していたのです。なにものにも負けず、壊れないような人たちに関しては、今後、真剣に調査してみる価値があると考えています。

【質問】組織のトップにもこの考え方を紹介すべきでしょうか？

大規模な変革はトップから起こすのがいちばんですが、もちろん、自分のチームから始めることもできます。CEOが賛同してくれればありがたいですが、かならずしもその必要はありません。今いるところから始めて、自分のチームのサクセスストーリーを作り、そこから勢いをつけることもできます。私たちが調査した組織で増幅型文化を作ったリーダーは、いずれもトップの支持はなく、最初は消耗型の文化だったケースも少なくありませんでした。最近、私たちが協力したあるチームも、CEOによって何年間も力を奪われていました。にもかかわらず、自分たちのスタイルを再確認し、今いる場所から変えられると気づいたのです。彼らはトップの意思とは関係なく、増幅型の選択をすることができました。上層部の支持があれば、それに越したことはありませんが、そうでなくてもできることはある、そう認識しましょう。

【質問】この本を、手ごわい消耗型リーダーに手渡すべきでしょうか？

そう、さっと手渡して逃げましょう！　あるいは、消耗型の仲間からそのリーダーに送ってもらってもいいですね。

もう少し真面目に答えるとすれば、もし渡すとしても、あなた自身が消耗型リーダーの観点から、つまり相手を評価し、支配するような気持ちで渡すなら、効果は望めないでしょう。相手はあなたに心を閉ざし、消耗型の循環が続くだけです。でも、増幅型リーダーとして近づけば、つまり安心できる環境を作って新しいアイデアを学べるようにすれば、相手は快くそれを受け入れ、成果も出るでしょう。例として、三つの作戦を記します。

①自分自身の経験に注目する。まずは、誰もが思いがけず消耗型リーダーになってしまうことを認め、「この本を読んで、そのつもりもないのにメンバーの力を抑えつけてしまうことがあるとわかった」と相手に言いましょう。または、この本が自分に与えた影響に注目し、「僕は増幅型リーダーに近づきたいと努力中で、チームの業績も上がっているんだ。君も面白いと思うかもしれないよ」と言ってみましょう。

②組織の改善に注目する。管理職のほとんどは組織の能力を二倍にできると言えば興味を持つはずです。この本の考え方を、こう紹介して渡してみましょう。「組織内には、いま活用しているよりもずっと大きな知性が眠っていると思う。リーダーとして組織全体の知性を上げるために、なにかできることがあるんじゃないかな」

③昼食を持ち寄って、カジュアルにこの考え方を紹介することもできます。増幅型リーダーの習慣やひとつのアイデアだけを語ることもできるでしょう。この本は誰にでも紹介できますが、先ほども述べたように、ポイントはあなた自身が増幅型リーダーのような態度でアプローチできるかどうかです。相手を抑えつけても、増幅型リーダーに変えることはできません。

【質問】増幅型リーダーになるためにひとつだけなにかするとしたら、それはなんでしょう？

ひとつだけ挙げるとすれば、「質問」でしょうか。メンバーに考えを促すような、洞察に満ちた興味深い質問を心がけましょう。これはじつに効きめがありますし、増幅型リーダーのどの習慣にもあてはまります。たとえば、解放者になりたい人も、挑戦者になりたい人も、議論の推進者になりたい人も、洞察に満ちた興味深い質問をすることで、その目標に向かって進みはじめることができるのです。ですから、ひとつだけスキルを身につけるとしたら、ぜひ質問力を鍛えることから始めましょう。

また、念頭におくべき前提をひとつだけ挙げるとすれば、「メンバーはみな有能で、自分の力で解決できる」ということです。そう思うためには、「この人はどの点が優れているか」と常に考える癖をつけましょう。これを実践すれば、他人を白か黒かですぐに見切ってしまうことがなくなるはずです。その代わりに、増幅型リーダーの生きる色とりどりの世界への特急券が手に入るでしょう。

資料C
増幅型リーダーの顔ぶれ

本書で、増幅型リーダーとして「殿堂入り」した人々のリストを左に挙げた。複数の章に登場する方の場合は、もっとも大きく取り上げた章を記している。

名前	当時の役職	現在の仕事（2010年）
第1章		
リオール	指揮官	イスラエル軍
ジョージ・シュニーア	インテル事業部長	セビン・ローゼン・ファンド常任理事／ホライゾンベンチャーズのパートナー
ティム・クック	アップルCOO	同上
デブ・ラング	オラクルSVP（税務）	引退
ジョージ・クルーニー	俳優	同上／活動家

第2章		
ミット・ロムニー	ベイン&カンパニーのコンサルティング・マネジャー	政治家
アンドレアス・シュトルングマン	ヘキサル（ドイツ）共同創立者	サンド（ノバルティスのジェネリック部門）エグゼクティブ／投資家
トーマス・シュトルングマン	ヘキサル（ドイツ）共同創立者	ノバルティス取締役／投資家
ツィピ・シュライバー	ゴースト（イスラエルとパレスチナ）CEO	同上
ラリー・ゲルウィックス	ハイランド高校ラグビー部ヘッドコーチ	同上
マルグリット・ハンコック	女子キャンプ・ディレクター	スタンフォード大学イノベーション・企業プログラムのアソシエイト・ディレクター
K・R・シュリダール	ブルーム・エナジーCEO	同上
第3章		
ロバート・エンスリン	SAP（北米）社長	同上
アーネスト・バッククラック	アドベント・インターナショナル（ラテンアメリカ）マネージング・パートナー	アドベント・インターナショナル（ラテンアメリカ）代表取締役
スティーブン・スピルバーグ	映画監督	同上
パトリック・ケリー	中学校の歴史教師	同上

レイ・レーン	オラクル社長	クライナー・パーキンス・コーフィールド・バイヤーズのマネージング・パートナー
ジョン・ブランドン	アップルのチャネルセールス・バイス・プレジデント	アップルのチャネル・アンド・コマーシャル・セールス・バイス・プレジデント
ニック・ライリー	GM大宇（韓国）CEO	ゼネラル・モーターズのエグゼクティブ・バイス・プレジデント
アラン・G・ラフリー	P&GCEO	『ゲームの変革者』著者
第4章		
シャイ・アガシ	ベタープレイスCEO／SAPエグゼクティブ・バイス・プレジデント	ベタープレイスCEO
アイリーン・フィッシャー	ベニオン・センターCEO	ユニバーシティ・ネイバーパートナーズ元創立者兼ディレクター／地域活動家
C・K・プラハラード	ミシガン大学教授	同上
マット・マコーリー	ジンボリーCEO	同上
ショーン・メンディ	ボーイズ・アンド・ガールズクラブ・オブ・ペニンシュラ新世代育成ディレクター	同上／スタンフォード大学大学院生
ワンガリ・マータイ	グリーンベルトムーブメント	2004年ノーベル平和賞受賞者

	（アフリカ）創立者	
第5章		
バラク・オバマ	アメリカ合衆国大統領	同上
ルッツ・ジオブ	マイクロソフトのマイクロソフトラーニングGM	同上
ティム・ブラウン	IDEOのCEO兼社長	同上
スー・シーゲル	アフィメトリクス社長	モーハー・ダビドウ・ベンチャーズのパートナー
第6章		
チェ・ジェ	マッキンゼー（韓国）パートナー	斗山（韓国）エグゼクティブ・マネージングディレクター
エラ・バット	SEWA（インド）創立者	エルダーズ・ワールド・カウンシルのメンバー
ジョン・チェンバース	シスコ・システムズCEO	同上
マイケル・クラーク	フレクストロニクス事業部長	同上
ジョン・ウーキー	オラクルのエグゼクティブ・バイスプレジデント／SAPエグゼクティブ・バイスプレジデント	SAPエグゼクティブ・バイスプレジデント
ケリー・パターソン	インタラクト・パフォーマンスシステムズ共同創立者	文筆家／バイタルスマート共同創立者
ジュビン・ダナ	カリフォルニア・ユースサッカー協会コーチ	同上／弁護士

ナラヤナ・ムルティ	インフォシス（インド）CEO	インフォシスのチーフメンター／代表権のない会長／インドにおける政治・経営の思想家
第7章		
ビル・キャンベル	インテュイットCEO	インテュイット会長／シリコンバレーの経営者へのアドバイザー

資料D 議論の手引き

この手引きでは、増幅型リーダーの考え方をチームとして議論するための一連の質問をリストアップした。討論を計画する際は、増幅型リーダーの考え方を話し合いながら、増幅型リーダー的な体験を作り上げるよう努力しよう。

章	質問例
第1章 なぜ、今 「増幅型リーダー」なのか	●成功した消耗型リーダーは、増幅型リーダーに変わるように努力すべきか？ それはなぜか？ ●消耗型リーダーのもとで働きながら、増幅型リーダーになれるか？ ●あなたのなかの消耗型リーダーを引き出すような人はいるか？ それはなぜか？
第2章	●「一緒に働きたいリーダー」として評判を確立するのにどれくら

「才能のマグネット」としての技法	い時間がかかるか？ ●新しい人材を採用すべきか、既存の人材を育成すべきか？
第３章 「解放者」としての技法	●解放的な環境には大きな自由があるが、同時に大きな期待が課せられる。どちらかに行きすぎたときに、それを認識するにはどうしたらいいだろう？ ●解放者になるということは、歴史教師のケリーのように（本書１０４ページ参照）「愛され、嫌われる」存在になるという意味か？
第４章 「挑戦者」としての技法	●メンバーの力を削がずに、自分の知識や意見を伝えるにはどうしたらいいだろう？ ●消耗型から増幅型リーダーに変わるために、リチャード・パルマーができることをひとつ挙げるとしたら、それはなんだろう？
第５章 「議論の推進者」としての技法	●30分以内にきわめて重要な決断をしなければならないと仮定しよう。それでも議論の推進者のようであるべきだろうか？　それはなぜか？　具体的にどのようにするべきか？ （本書１３５ページ参照） ●議論の推進者になるということは、厳格なプロセスを通して健全な決断を導くことである。十分な議論がなされたかどうか、意思決定をするタイミングかどうかは、どう判断すればいいだろう？
第６章 「投資家」としての技法	●細かいことに気がつくことと、マイクロマネジメントの違いはなんだろう？ ●自分を蚊帳の外に置くことなく、メンバーに１００パーセントのオーナーシップを与えるにはどうすればいいだろう？

第7章
「増幅型リーダー」を目指すあなたに

- 増幅型リーダーの五つの習慣の共通点をひとつ挙げるとすれば、なんだろう？
- いちばん時間をかけずにもっとも改善できる習慣はどれだろう？
- 1年にひとつの改善項目に集中するのは現実的か？
- 架空のワイヤー上のあなたの重心はどこにあるだろう？（本書278ページ参照）
- あなたが関わっているさまざまな組織（会社、地域、家族）のうち、増幅型リーダーのアプローチを実践してもっとも大きな影響を与えられるのはどこだろう？　それはなぜか？

増幅型リーダー・ファシリテーター・ガイドをダウンロードすれば、より体系だったイベントを行なうこともできる（www.multipliersbook.com）。これを使って、あなたの職場で、増幅型のリーダーシップについて話し合うのもいいだろう（英語のみ）。

自己評価したいなら……

気づかないうちに消耗型リーダーになっていませんか？

調査をしてみて、自分がメンバーに与える抑圧的な影響を理解している消耗型リーダーがほとんどいないことを知り、私たちはとても驚いた。彼らのほとんどは経営的な地位にあり、成果や知性を褒めそやされ、最高のアイデアを考えることがリーダーとしての自分の仕事だと思い込んでいた。

意図しようとしまいと、チームに与える影響は変わらない。消耗型リーダーはメンバーの本当の力の半分しか引き出せない。

そこで私たちは「無意識の消耗型リーダークイズ」を作成した。これに答えると、次のようなことがわかる。

- 「よくある10の経営シナリオ」に照らすと、自分の経営手法を詳細に見直せる。
- 「意図しない消耗型リーダー指数」で、あなたがどのくらいメンバーの能力を削いでいるかが一目でわかる（指数が低いほうがいい）
- 自分のリーダーシップ習慣をどのように変えれば、増幅型リーダーに近づき、チームからより大きな力を引き出すせるかの分析が得られる。

「無意識の消耗型リーダークイズ」に挑戦する場合は
www.multipliersbook.com
にアクセスし、
リンクをクリックしてオンラインテストを受けてみよう。
また、360度評価を行ないたい方、
あるいはメンバーの能力をどれだけ引き出しているかを測りたい方は、
www.thewisemangroup.com にある Contact からメールをどうぞ。
＊以上はすべて英語のみです。

なお、本書に則ったワークショップ（マルチプライヤー・プログラム）は
日本ではBTSジャパンが行なっている。
問い合わせは、http://japan.bts.com まで。

【参考文献】『ＤＩＡＭＯＮＤ ハーバード・ビジネス・レビュー』２０１０年12月号、リズ・ワイズマン／グレッグ・マキューン「組織の知力を引き出すリーダーの条件」

＊本書で用いた「増幅型リーダー」「消耗型リーダー」という訳語は、この論文を踏襲させていただきました。

弊社刊行物の最新情報などは
以下で随時お知らせしています。

ツイッター
@umitotsuki
フェイスブック
www.facebook.com/umitotsuki

メンバーの才能《さいのう》を開花《かいか》させる技法《ぎほう》

2015年4月27日　初版第1刷発行
2018年12月3日　　　第7刷発行

著者
リズ・ワイズマン／グレッグ・マキューン

訳者
関《せき》 美和《みわ》

編集協力
藤井久美子

装幀
Y&y

印刷
中央精版印刷株式会社

発行所
有限会社 海と月社
〒180-0003　東京都武蔵野市吉祥寺南町2-25-14-105
電話0422-26-9031　FAX0422-26-9032
http://www.umitotsuki.co.jp

定価はカバーに表示してあります。
乱丁本・落丁本はお取り替えいたします。

ISBN978-4-903212-51-7